会計思考力

会社がわかるノウハウ

松尾 泰 著

産業能率大学出版部

会計思考力 —会社がわかるノウハウ—

もくじ

第1章

会計思考力を身につける

1

私は、会計分野を専門として、さまざまな業種の企業において研修を行っております。はじめに、会計というものがビジネスパーソンにとって本当に必要なのか、ということについて、研修での一場面を通じて考えてみたいと思います。

1 会計がビジネスパーソンにとって、なぜ必要なのか

まず、会計を学ぶ目的を明確にする

研修では冒頭で、よく次のようなやりとりをします。

松　尾：「この会計研修は皆さんにとって必要な研修ですか？」
Aさん：（戸惑いながら）「必要だと思います」
松　尾：「なぜ会計の研修は必要なのだと思いますか？」
Aさん：（しばらく考えて）「自社や競合企業の状況を把握するために必要ですね」
松　尾：「自社や競合企業の状況を把握してどうするのですか？」
Aさん：「競合企業よりも自社をよくするため」「自社の課題を見つけて改善するため」
松　尾：（再度）「会計研修は皆さんにとって必要ですか？」
Aさん：（明確に）「必要です！」

最初は、皆さんの「必要」との思いは漠然としています。ですが、「この研修は皆さん方にとって必要な研修ですか？」と質問をすると、戸惑いながら、「必要だと思います」といった意見がかえってきます。

そこで私はすかさず、「何で会計の研修は必要なのですか？」と質問をします。するとしばらく考えて、「自社や競合企業の状況を把握するために必要である」などの答えがかえってきます。

さらに次に、「自社や競合企業の状況を把握してどうするのですか？」と質問すると、「競合企業よりも自社をよくするため」であるとか、「自社の課題を見つけて改善するため」といったような答えをかえしてきます。そして再度、「会計研修は皆さんにとって必要ですか？」と質問すると、必要だと感じていただけます。

こうした問いかけを通じて学ぶ目的を明確にすると、なぜ会計を学ぶ必要があるのか、研修で習得するべきスキルは何か、といったことについて具体的に考えるようになっていきます。

会計スキルを身につける目的→自社を改善するため

会計を学ぶと、なぜ自社の改善につながるのか

それでは次に、ビジネスパーソンにとって会計を学ぶ目的や必要性、そしてなぜ会計を学べば自社改善につながるのかを考えてみましょう。

以下の問いについて考えてみてください。

Q1　総務部長の行動を評価しますか？

総務部は残業が多く仕事量を減らすために、5,000 万円のソフトウェア導入を提案されています。導入することで、仕事量は減り、総務部全体の 1 ヶ月平均残業代 20 万円がなくなると予想されています。総務部長として、残業時間削減につながるということで導入する方向で話を進めようとしています。あなたは、この総務部長の行動を評価しますか？

あなたの答えはいかがでしょうか。

総務部長の立場としては、総務部全体の残業時間を削減できるのであれば導入したいと思うのではないでしょうか。総務部長の目的は残業時間を削減することです。この目的を達成することだけを考えれば、5,000 万円のソフトウェアを導入する方向で話を進めようとすることは間違いではないといえます。

では今度は、より広い会社全体の視点で考えてみてください。会社としての目的は当然決算書を改善することです。1 ヶ月の残業時間削減効果が 20 万円ですので、1 年間で 240 万円の費用削減につながります。これは評価できます。ただ、投資に 5,000 万円かけるとすると、投資回収には単純計算（5,000 万円÷ 240 万円）で 21 年間かかることになります。この期間は長すぎます。さらに 3 年に 1 回程度はメンテナンスが必要と思われますので、さらに追加で費用がかかります。結果として決算書は改善しませんので、導入は見合わせたほうがよいと判断することになるでしょう。

図表 1-1　会社全体の視点で考える

一見すると……

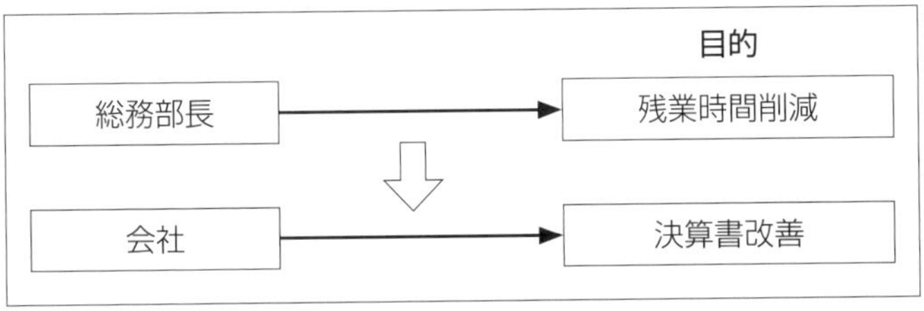

実際は……

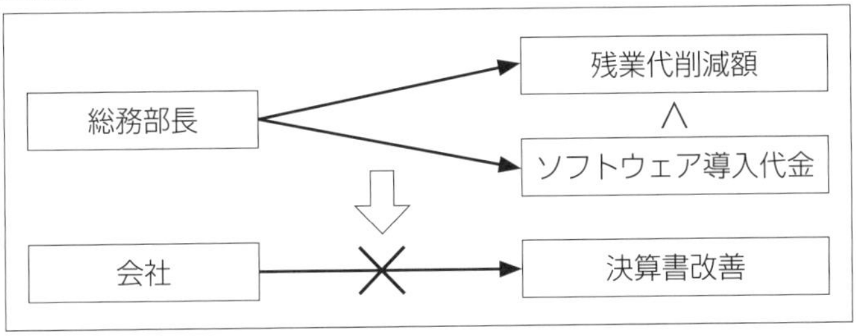

このように残業時間削減は一見、販売管理費用が削減できて部分的には決算書改善につながるように思われるかもしれませんが、上記の説明のとおり会社全体としては決算書が悪化することになります。この事例から学んでいただきたいことは、改善活動は部分的な改善のためではなく、会社全体として決算書を改善するために進めていただきたいということです。

では次の問いも考えてみましょう。

Q2　製造部長を評価しますか？

厳しい経営環境が続いており、「社長から売上高原価率を下げろ」と言われている製造部長は、売上高原価率を下げるために、今よりも材料を安く仕入れるために材料仕入先から大量に材料を調達しようとしています。大量調達することにより売上原価率が3%下がる予定です。あなたは、この製造部長の行動を評価しますか？

あなたの答えはいかがでしょうか。

製造部長としては社長から売上原価率を下げろといわれているので、売上原価率をなんとしても下げたいという思いを持っています。そこで、3%下げることができる材料大量調達は実施したいところです。

たしかに、材料を大量に安く調達し、フルにラインを動かすことにより売上原価率は下がるかもしれません。しかし厳しい経営環境であるので、在庫が増え不良在庫になってしまい、会社として資金繰りが悪化してしまう危険性があります。つまり、製造部長としての目的である売上原価率を下げることにはつながるかもしれませんが、会社としては不良在庫を多く抱えてしまう危険性があるということなのです。

また営業部門であれば、売上目標を達成するために業績がよくない会社に販売することもあるでしょう。この場合も売上目標は達成できるかもしれませんが、後日販売先が倒産し販売代金を回収できないようなことがあれば、会社としては資金繰りが悪化してしまいます。

このように部分最適を追求するあまり、全体最適を見失ってしまうことはよくあるのです。自社を改善するためには、会社の決算書を十分に把握した上で、部門、個人の改善策を考えなければ意味がないということなのです。

つまり、

全体最適を考えた上で部分最適の追求を行う

ことを考えて行動しなければならないのです。

そのようなわけで私は、個人、部門の活動がどのように決算書に影響を与えるのかを考えることができなければならないと考えています。「会計スキルは経理部以外では必要ない」とか、「管理職になるまで必要ない」という人がいますが、むしろ新入社員から社長まで全社員に必要なスキルだと思います。

自分の会社に興味を持ち決算書の状況を把握する

私は以前、企業再生のコンサルティングの仕事をしていました。あるとき私が再生を請け負った会社を仮にＡ社としましょう。Ａ社は地元では有名な会社で、歴史もありました。そのＡ社に対して、どのようなアプローチで再生できるよう支援したと思われますか。

実は、はじめに全社員にＡ社の状況を把握していただく研修を実施したのです。研修を実施する前には社員に面接を行いました。そこで得られた社員の意見の多くを占めたのは、「自社決算状況が悪いとは言われているが、実際はそんなに悪くはないのではないか、むしろ安全ではないか」という意見でした。危機意識がほとんどなかったのです。

ところが、研修でＡ社を徹底的に分析し説明したところ、社員は「このままでは自社は本当につぶれてしまう」と180度思いを変えました。彼ら彼女らは、Ａ社が直面している本当の状況を知らずに“自社は安全だ”と思い込み、危機を全く実感しないまま仕事を行っていたのです。

その研修を実施してから、Ａ社の社員の意識は「自社はどうすれば再生できるのか」という方向へ変わり、再生に自発的に取り組むようになりました。その結果、多くの困難を乗り越えて再生を果たすことができたのです。

このＡ社での経験から私は、コンサルタントや経営者などがいくら素晴らしい経営計画書を作ったとしても、社員が自社に興味を持ち、その経営計画書を本当に理解して自発的に行動しない限り、企業再生はできないということを思い知らされました。

皆さんは自社の決算書の状況を把握できていますか。できていない場合は、ぜひ自社に興味を持ち、自社の決算書の状況を把握して、経営者の思いを読み取る努力をしてください。

2 会計思考力を高める

生産性についての考え方

さて、ここまではビジネスパーソンにとっての会計を学ぶ目的を説明してきました。次にここからは、財務三表（損益計算書、貸借対照表、キャッシュフロー計算書）を分析する上での考え方である「会計思考力」について考えていきます。

Q3 どちらの人を評価しますか？

	インプット（労働時間）	アウトプット（成　果）
Aさん	5時間	10
Bさん	10時間	10

さて、あなたは、どちらの人を評価しますか。当然Aさんを評価する方が多いと思いますが、この考え方が会計思考力です。もう少し詳しく説明してみましょう。

$$生産性 = \frac{アウトプット}{インプット}$$

上記の式は生産性の算出法ですがこれが重要になります。この式に従うと、Ａさんの生産性は「2」、Ｂさんは「1」であり、Ａさんを評価できればOK、ということになります。この生産性の考え方を念頭に置いて決算書を分析してください。すなわち、会社としての生産性、部門の生産性、個人の生産性を関連させながら分析してください。

では次に、アウトプットの考え方について説明しましょう。

アウトプットについての考え方

Q4　どちらの人を評価しますか？

	インプット（労働時間）	アウトプット（成　果）
Ａさん	10 時間	10
Ｂさん	15 時間	15

この場合、どちらの人を評価しますか。ただし、残業時間などは考えないものとします。また、Ａさんもインプット 15 時間であれば 15 のアウトプットが出ます。同様にＢさんもインプット 10 時間であれば 10 のアウトプットが出るものとします。いかがでしょうか。この問いに対しては、いろいろな意見があるかと思います。生産性を評価すると、ＡさんもＢさんも「1」で同じ評価になります。

では考えやすくするために、仮にAさんとBさんに、プレゼンテーションの資料作成を依頼したとしましょう。そうすると質の高いBさんを評価するという方が多いかもしれません。ですが、果たしてそう簡単に言い切れるのでしょうか。例えば、これが「社内用に使用するプレゼンテーション資料作成を依頼した場合」と「社外用のプレゼンテーション資料作成を依頼した場合」であればどうでしょうか。依頼内容が社内用であれば、アウトプットは10でよいかもしれません。社外用であれば見栄えも重要ですから、アウトプットは12必要かもしれません。

このように実際には、求められるアウトプット基準がどこにあるのかによって行動を変えていかなければならないのです。

このアウトプットの基準は、自社の状況や競合企業、顧客状況によっても変化してきます。必要なアウトプットが12なのに10しか出せない場合であればムリが生じますし、反対に15出したならムダが生じてしまいます。またアウトプット基準を定めないまま依頼すると、アウトプットを10出す人もいれば20出す人もいるかもしれず、アウトプットの質がばらばらになる、すなわちムラが生じてしまいます。

必要なアウトプットは何か、どんな水準かをあらかじめ考えられなければ、自社改善にはつながりません。だからこそ、そこで求められているアウトプット基準を明確にした上で、インプットすなわち活動を行わなければなりません。つまりアウトプット基準を満たした上で、生産性を高める活動を行わなければならないのです。

プライベートでも、このアウトプット基準の設定は重要です。お互いをあまり知らないときの私と妻の会話です。この会話のあと、けんかをしたのを覚えています。

松尾：今日は寒いね。
妻　：寒くないよ。
松尾：（温度計を見て）気温が9度しかないんだよ。
妻　：9度あるんでしょ？やっぱり寒くないよ。

なぜ、けんかになったのでしょうか。ここまで読むともうおわかりですね。私と妻の“寒い”と考えるアウトプット基準である温度が違うからです。私は四国の徳島県生まれ、妻は北海道生まれなので、育ってきた環境が違っていたのです。ちなみに私の寒い基準は10度以下、妻は氷点下なので、まったく違ったアウトプット基準になっていたことがわかります。

難しい場合もありますが、このように「アウトプット基準」は、できるだけ数値で示すことが必要になります。

まずアウトプット基準を満たす、その上で生産性を高める

それゆえ、アウトプット基準となるような、自社の進むべき方向性が示されている5ヵ年経営計画などを理解し、競合企業や顧客の状況を把握しておく必要があるのです。

ここまでの話を踏まえて、あらためて皆さんに質問です。皆さんもたくさんの仕事を行っていると思いますが、それぞれの仕事でのアウトプット基準が設定できていますか？

第2章

経営活動を数値化する力

会計に強くなるためには、数字に強くならなければなりません。では、強くなるということは、いったいどういうことなのでしょうか。「決算書の数字を理解できる」これは当然必要です。ただその前にやらなければならないことがあります。それは、

経営活動を数値化することができる

ということが必要になります。これができるようになると、経営活動の改善をすると、どのように決算書の数値が変化するのかが具体的に把握できるようになります。

1 経営活動を数値化する方法

採用～入社後3年までの経営活動を数値化してみる

Q5 なぜ新入社員が3年で辞めるとだめなのでしょうか？

A社は、新入社員を毎年100人採用していますが、3年後までには30名ほどしか残っていない状況です。その問題を人事部長は改善したいと思っています。社長に伝えると社長は、「辞めるということは悪くない。またよい人材を採用すればいいではないか」との返答でした。

人事部長はこの考えに納得ができず、新入社員が入社後3年で辞めると、どれだけの損失があるのかを金額

で示し社長を説得しようと考えました。
　もしあなたが人事部長ならどのように損失を算定しますか？

　新入社員が入社３年までに辞めてしまうという会社は多いのではないでしょうか。皆さんの会社はどうでしょうか。たくさん辞めているという方にお聞きしますが、「新入社員が入社３年で辞めると、どれくらいの損失があると思いますか？」という問いに、明確な返答ができるでしょうか。
　そこで、この損失の金額算定をどのように行えばよいのかを考えていきたいと思います。重要なことは、

会社と人の経営活動を数値として見える化

することです。
　まず、会社と人の経営活動を考えていきましょう。経営活動は、新入社員の採用から新入社員が辞めるまでの期間になります。整理すると図表２－１のようになります。

図表 2-1　採用から入社後３年までの経営活動

時　期	経営活動
入社する前	・採用活動（募集広告、採用面接） ・入社前研修
入社後３年間	・研修（新入社員研修、2、３年目研修、外部研修） ・OJT リーダー、課長、部長が新入社員に関わる活動

そして整理できた経営活動に対して、どれだけのコストを会社が負担しているのかを考えて数値として見える化をしていきます。

❶ 採用活動（募集広告、採用面接）

採用のための募集広告でかかったコストを採用人数で割ることで、1人当たりにかけたコストを算定することができます。例えば、100人採用で100,000,000円（1億円）かかったとしますと、100,000,000円（1億円）÷100人＝1,000,000円（100万円）となります。

次に採用時の面接ですが、人事課長や人事部長などが面接に、

関わった時間（分）×（人事課長や人事部長の）分給

で求めていきます。

では、分給はどのように求めるとよいでしょうか。この求め方は税理士で経営コンサルタントの兄から教わった方法ですが、簡単に分給を出すことができますので、ぜひ活用してください。

例えば、1ヶ月20日間、1日7時間働くと仮定して、

- 年収5,000,000円（500万円）の人の場合――
  5,000,000円÷12ヶ月÷20日÷7時間÷60分＝49.60……円（約50円）
- 年収10,000,000円（1,000万円）の人の場合――
  10,000,000円÷12ヶ月÷20日÷7時間÷60分

＝99.20……円（約100円）

となります。お気づきですか。そうです。それぞれの分給は、

年収　500万円⇒	50円
年収1,000万円⇒	100円

となるのです。

つまり、年収500万円、年収1,000万円から0を削除し万円を円に変えると1分間の給料である分給が計算されます。300万円であれば30円、600万円であれば60円といったように計算されます。うちの会社は、厳密にいうと「1ヶ月20日間、1日7時間」ではないという人にとっては多少の誤差はあるとは思いますが、大きくはずれないと思います。

このように実際に関わった時間を金額に変換することで、会社のコスト負担が明確になります。

❷ 研修（新入社員研修、2、3年目研修、外部研修）

研修の場合は、まず研修を受講する側のコストを把握します。このコストは、

日給 × 研修参加日数

で把握することができます。

例えば、3日研修を受けた新入社員の月給が20万円で月に20日働くとした場合、20万円÷20日となり、1日1万円になります。つまり1万円×3日＝3万円のコストが1人に

かかるということになります。

次に講師のコストですが、会社内部の講師で行う場合、講師を担当する社員や研修サポート社員の日給×研修日数が必要になります。また、研修会場を自社以外の場所で行う場合であれば、会場を借りるためのコストも必要になります。

外部研修に参加する場合であれば、研修期間に支払うコストを把握することが必要になります。

❸ OJT リーダー、課長、部長が新入社員に関わる活動

これまでのコストを見ても、新入社員に莫大なコストがかかっていることが把握できると思います。❸のコストも忘れがちなコストですが、金額は大きくなります。

新入社員が入社してくると、OJT リーダーが新入社員に仕事を教えていきます。また、課長や部長も仕事や相談など、何かしら新入社員と関わってくると思います。つまり、OJT リーダー、課長、部長が、

新入社員に対して関わる時間（分）×
OJT リーダー、課長、部長の分給

がコストとして発生することになります。

入社 1 年目、2 年目は、OJT リーダーなどがゼロから仕事を教えていきますので、関わる時間が多くたくさんコストがかかります。3 年目となると新入社員も仕事を覚えていきますので、OJT リーダーが関わる時間は少なくなりコストは減っていきます。そして 3 年目を終える頃には、やっと一人前の仕

事ができるようになっています。

このように、一人前になった頃に会社を退職してしまうので、今まで会社がかけた投資コストの回収ができないままになってしまうのです。

ここまで見てくると、新入社員が３年目で辞めてしまうと、たくさんのコスト損失が発生するということがおわかりだと思います。

実際に、ある企業での新入社員の３年目までのコスト（新入社員の給料も含む）を算定しました。すると１人当たり3,000万円かかっていることがわかりました。えーそんなにかかるの？と思われたあなた、皆さんの会社でも、これまでの計算式を参考に計算してみてください。3,000万円前後かかっていると思います。

仮に１人3,000万円として〔Ｑ５〕の例で考えますと、

70人×3,000万円＝210,000万円（21億円）

かかっているということになります。

この金額を社長に提示すると、どうなるでしょうか。きっと３年目までに辞めさせない対策をとるようになっていくと思います。例えば、コミュニケーションを活発化させるために運動会を実施する、モチベーションを高めるために主任へ昇格させる、３年間在籍すると他部署への異動希望を出せるようにするなど、新入社員が辞めないようにいろいろ工夫している会社があるのも納得できます。

会議のコストを計算してみよう

Q6　会議はムダなのでしょうか？

　厳しい経営環境をどう乗り越えようかと部長１人、課長３人、主任３人それぞれ何の事前準備もすることなく、90分の会議を行いました。その結果何の成果もありませんでした。

　この会議は失敗だったと全員思っていますが、この会議の損失額が明確でありませんので、また同じ会議を繰り返す危険性があります。

　そこで、あなたがこの会議の損失額を計算してください。

※部長年収1,000万円、課長年収800万円、主任年収500万円

　この会議の損失額は計算できますか。〔Q５〕で算定した計算式を使うと簡単にできますね。まず部長、課長、主任の分給を算定しますと、

部長	年収	1,000万円⇒	分給 100円
課長	年収	800万円⇒	分給 80円
主任	年収	500万円⇒	分給 50円

となります。

　部長１人、課長３人、主任３人が90分会議に参加してい

たので、

部長：	100円	×	90分	×	1人	=	9,000円
課長：	80円	×	90分	×	3人	=	21,600円
主任：	50円	×	90分	×	3人	=	13,500円
合計：44,100円							

となります。

つまり44,100円がムダなコストということになります。金額を明確にすることで、会議を改善しようという意識が生まれてきます。そして44,100円に見合った会議の目的を十分に考え、会議の質を高めるようになります。皆さんの会社でムダな会議はありますか。あるのであれば、損失額を算定してみてください。

〔Q5〕〔Q6〕で見てきた例は、ほんの一例にすぎません。このように、把握できていないコストはたくさんあります。皆さんも自分の活動を数値として見える化し、コスト意識を高めていただければと思います。

第3章

決算書が読めない悲惨

第１章、第２章では、会計とどのように関わればよいのか、あるいは会計思考力を高めるためにどのようなことに注意すればよいのか、などを考えてきました。第３章では、いよいよ決算書の話をしていこうと思います。

1 決算書が読めると……

どちらの会社がよい会社？

まず、実際に決算書を読めないと、何が困るのかについて考えていきます。それでは早速ですが、次に示す〔Ｑ７〕〔Ｑ８〕〔Ｑ９〕の各企業について、どちらの会社がよいかを考えてみてください。

Q7　どちらの会社がよい会社でしょうか？

Ａ社：昨年度と比べ売上高 10％ＵＰの会社。

Ｂ社：昨年度と比べ利益 200 万円減少の会社。

Q8　どちらの会社がよい会社でしょうか？

Ｃ社：借入金 10 億円ある会社。

Ｄ社：自社ビル 10 億円ある会社。

Q9　どちらの会社がよい会社でしょうか？

E社：1年間で50万円の赤字の会社。

F社：1年間で現金50万円稼ぐ会社。

どちらの会社がよいか、考えることができましたか。なんとなくイメージがよいので、〔Q７〕をA社、〔Q８〕をD社、〔Q９〕をF社とした方もいたのではないでしょうか。また、なんかこの問題変だなと思われた方もいらっしゃると思います。実は、A社とB社、C社とD社、E社とF社はそれぞれ同じ会社なのです。「えーそうなの？」と思われた方は、後にある解説をじっくり読んでください。

「決算書を読む」ということは、一部分だけを見て良否を判断するのではなく、視点を変えてどの部分がよくてどの部分が悪いのかを正確に把握しなければならないのです。私は管理職向けに行う経営分析研修の冒頭で、「御社の決算状況はどうですか？」と質問しますが、受講生からは「ウチの会社はよいですね」「ウチの会社は悪いですね」といった抽象的な答えがかえってくるだけです。これでは本当に決算書を理解しているとはいえないと思います。

決算書の財務三表

決算書には大きく分けて３つの表があります。一定期間の経営成績を表す「損益計算書」、一定時点の財政状態を表す「貸借対照表」、一定期間における資金の増減を表す「キャッシュフロー計算書」（この３つを財務三表という）です。

皆さんが理解しやすい言葉で言いますと、「会社の儲け」を表す損益計算書、「会社の体力」を表す貸借対照表、「会社の資金繰り」を表すキャッシュフロー計算書と言い換えることができます。

３つの決算書を分析すると、儲けはよい、体力は悪い、資金繰りは悪い、などといった感じで、よい面と悪い面が混在していることを発見できます。今まで気づかなかったことに気づくこともあるはずです。

図表 3-1　財務三表

損益計算書＝「会社の儲け」を表す

貸借対照表＝「会社の体力」を表す

キャッシュフロー計算書＝「会社の資金繰り」を表す

それではこれから、〔Q7〕～〔Q9〕の会社が同じ会社である理由を説明していきます。

財務三表の読み方

❶ 損益計算書＝「会社の儲け」の読み方

	昨年度	今年度
売上高	1,000 万円	1,100 万円
費　用	400 万円	700 万円
利　益	600 万円	400 万円

上表のような詳細を見れば、昨年度に比べ今年度の売上高は10%増加、利益は 200 万円減少していることが一目瞭然です。例えば、昨年度よりも広告宣伝費などの費用を大幅にかけて売上を上げようとしたが、それに対して売上が伸びていない、といったことが把握できます。企業の決算状況を評価する際、売上で評価することも重要ですが、費用をどのように費やしているかも見ていく必要があるのです。

なお、今回は単純に利益と記述していますが、ご存知のとおり損益計算書の利益には、「売上総利益」「営業利益」「経常利益」「税引前当期純利益」「当期純利益」の 5 つがあります。それぞれの段階で、儲けの評価をしていくことが決算書を深く読む秘訣です。

❷ 貸借対照表＝「会社の体力」の読み方

〔Q 8〕は貸借対照表の問題になります。貸借対照表を見たことはありますか。見たことがある方は、「資産」「負債」「純資産」と３つの塊があるな、ということはおわかりと思います。では、この「３つの塊の関係は？」と質問されるとどうでしょうか。

図表 3-2　貸借対照表

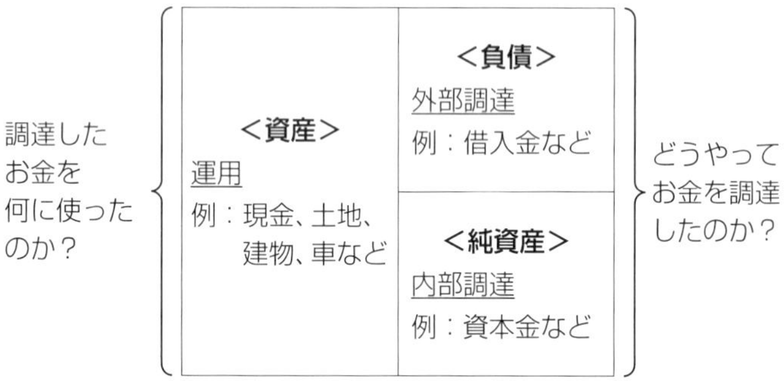

３つの塊の関係さえわかれば、貸借対照表の理解は深まります。

貸借対照表を大きく分けると、

①「どのようにお金を調達したのかを表す負債、純資産」

②「その調達したお金を何に使ったのかを表す資産」

の２つに分けられます。

図表３－２の<資産>の中に「現金」とありますが、これは調達したお金をまだ使っていないことを表しています。〔Ｑ８〕の場合ですと、図表３－３のようになります。

図表3-3　〔Q8〕の場合の貸借対照表

この会社は借入金によって10億円を調達し、そのお金で自社ビル（10億円）を購入していますが、10億円分の資産を保有していても、財務上は不安要素を持つことになります。

自社ビルを買うための資金を株主から調達されていたときを考えてみましょう。この場合は内部調達となり、購入費用の10億円が負債ではなく純資産になります。評価は当然変わってきますね。

単純に車や自社ビルを資産として持っているからよいと判断するのではなく、資産がどのようなお金で調達されたのかを知ることで、つまり、貸借対照表を読めるようになれば、財務的に安全かどうかを把握できるのです。

これは私の銀行員時代の話ですが、新規開拓営業をしていたときに、推定評価額10億円の自社ビルを保有している会社に融資を行おうと思い決算書を入手しました。しかしその会社は、自社ビルの購入を借入金でまかなっており、さらに他の銀行から複数の借入金があり、支払利息さえも営業利益で払いきれない状況だったのです。そのため、融資は行えませんでした。

企業の経営状況を分析するときは、保有している土地や建物などの資産だけを見て評価するのではなく、その資産を所有するためのお金はどのようなかたちで調達されたのか、また資産が活用されて、どれだけ売上に結びついているのかを把握していかなければならないのです。

❸ キャッシュフロー計算書＝「会社の資金繰り」の読み方

キャッシュフローがわかっていないと、利益が出ているのにお金がなくて倒産、つまり黒字倒産になってしまうということが認識できません。

〔Q９〕の解説の前に、売上と仕入が現金のみで成り立ってはいないことを知っておいていただきたいと思います。

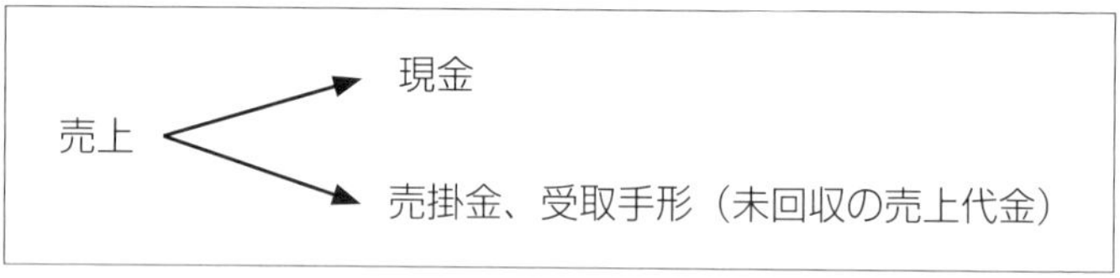

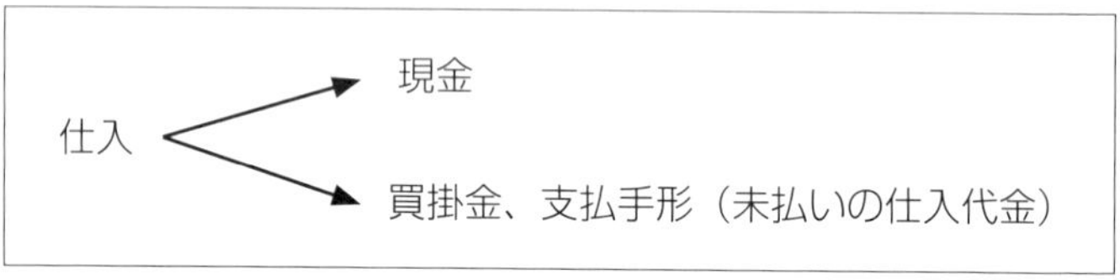

例えば、商品を販売したとします。通常、売上は商品を販売

した段階で売上になります。では、お金は販売した段階で入ってくるのでしょうか。小売業のように個人に販売した場合であれば、すぐに現金で回収できるかもしれません。しかし卸売業や製造業で法人に販売している場合であれば、売掛金や受取手形のかたちで代金が支払われることになり、すぐにお金は回収できないですね。

商品を仕入れる場合はどうでしょうか。考え方は同じです。リサイクル業のように個人から仕入れた場合であればすぐにお金を払いますが、法人から大量に商品を仕入れた場合であれば、買掛金や支払手形のかたちになるので、すぐにお金を支払わないでもよいわけです。つまり、損益計算書の売上高や仕入額には、手元の現金以外に、未来のお金も含まれているのです。

それでは〔Q９〕の解説に入ります。これはキャッシュフローの問題ですが、さらに詳しくいえば、費用のひとつである「減価償却費」によって生じる損益計算書上の数字と、実際に手元にある現金との差異を扱った問題です。

損益計算書		現金は？	
売上	50万円	収入	50万円
減価償却費	100万円	支出	0万円
利益	▲50万円	現金残高	50万円

上表のとおり、損益計算書上の利益は50万円の赤字になってはいますが、実際に手元にある現金は50万円プラスになる

ことを表しているのが〔Q９〕です。減価償却費が 100 万円あるのに支出がなぜゼロになるのか、いまひとつピンとこない人もおいでかと思いますので、例を挙げて簡単に説明します。

例えば、3,000 万円の建物を建てたとします。この建物を30 年使える (耐用年数) とすると、1 年間の費用はいくらでしょうか。3,000 万円を 30 年で割った額の 100 万円が毎年の費用となります。この 100 万円が減価償却費です。建物の購入資金は、建物を建てた時点で借入金などでまかなって支払い済みとします。その後 2、3、4 年と毎年建物を使用した分を形式上は費用（減価償却費）として購入金額から 100 万円ずつ各年に配分しているだけですので、減価償却費は実際にはお金が会社の外へ出ていかない費用ということになります（ちなみに、建物価値は 1 年経過するごとに減価償却の額ずつ価値が減少します。今回のケースであれば 30 年経過すると会計上の価値はゼロになります)。

なぜこのような処理をするのでしょうか。例えば、社屋を賃借で行っている会社は賃借料を毎年損益計算書に計算し、一方、社屋を購入している会社は費用計上しないとなると、どういうことになるでしょうか。同じ経営活動をしているにも関わらず、社屋を購入している会社のほうの利益が多く出ることになってしまいます。つまり、減価償却を行い購入代金を耐用年数で分割して計上することで、年度ごとの経営成績を正確に把握できるようになるのです。

わかりやすくするために、図解をしながら説明します。建物を購入したとき、建物のお金 3,000 万円が出ていきます。売上０万円、収入０万円、費用は減価償却費しかない場合は、以下のようになります。

＜購入した年＞

損益計算書		現金は？	
売上	0万円	収入	0万円
減価償却費	100万円	支出	3,000万円
利益	▲100万円	現金残高	▲3,000万円

減価償却費も1年間使った費用として100万円かかりますので、赤字100万円になります。現金は、建物代金3,000万円が出ていくことになります。

2年目になり、売上50万円、収入50万円、費用は減価償却費のみの場合は,以下のようになります。

損益計算書		現金は？	
売上	50万円	収入	50万円
減価償却費	100万円	支出	0万円
利益	▲50万円	現金残高	50万円

では,キャッシュフローの理解を深めるために、もうひとつ、商品（在庫）とキャッシュフローの関係を見てみましょう。

例えば、1個1,000円の商品を1,000個仕入れて現金を100万円支払ったとします。そして仕入れた商品のうち、1個を1,200円で、現金で販売したとします。この場合の現金

残高はどのようになるでしょうか。書き出してみると、

収入	1,200 円
支出	1,000,000 円
現金残高	− 998,800 円

となりますね。

ここでもし、残り 999 個の商品が不良在庫になり売れなくなったら資金繰りがどれほど悪くなるか、現金残高マイナス額の大きさで実感していただけると思います。在庫が残るということは本当に怖いことなのです。

ここまで見てきた、売掛金、受取手形、買掛金、支払手形、減価償却費、商品（在庫）の 6 つの項目が特にキャッシュフローに関連します。この 6 つの科目は、

お金が出るタイミングと費用が計上されるタイミングが違う

ことになります。

例えば、建物の購入や商品仕入は、購入先、仕入先との契約で多少遅れる（30 日程度）ことはありますが、購入時や仕入時のタイミングでお金を支払います。ただ、費用に計上されるのは、1 年間の営業活動に対して使われたものとして見なされたときに費用となります。建物であれば、1 年間の営業活動で使われた価値を費用として計上し、商品であれば 1 年間で売れたものに対応する商品を費用（売上原価）として計上してい

るのです。

これらの項目一つひとつの意味をよく理解すると、キャッシュフロー計算書の分析は格段に進めやすくなります。

4つのキャッシュフローを把握する

キャッシュフロー計算書は、「営業活動によるキャッシュフロー」「投資活動によるキャッシュフロー」「フリーキャッシュフロー」「財務活動によるキャッシュフロー」の４つに大きく分かれています。４つのお金の流れを把握することで、企業の資金繰りが把握できるのです。

図表 3-4　４つのキャッシュフロー

X　営業活動によるキャッシュフロー
企業の本来の営業活動で発生した現金のことをいいます。

Y　投資活動によるキャッシュフロー
企業が設備投資など投資した資金と資産売却や投資回収資金を合算した現金のことをいいます。

X＋Y　フリーキャッシュフロー
営業活動によるキャッシュフロー＋投資活動によるキャッシュフローのことをいいます。
※足し合わせた金額が十分にプラスであれば借入金等の返済を行い、マイナスになっていれば借入金等でお金の調達を行います。

Z　財務活動によるキャッシュフロー
企業活動に必要な資金の調達・返済、株主還元の配当金などを合算した現金のことをいいます。

この４つのお金の流れ（キャッシュフロー）を見ていただくため、図表３－５のとおり、成長段階の会社のキャッシュフロー、安定期の会社のキャッシュフロー、衰退期の会社のキャッシュフローを並べてみました。下の囲みの解説をご覧いただくと、それぞれこの会社は成長段階にある会社だな、こちらは安定している会社だな、と評価できることを納得していただけるかと思います。

図表 3-5　４つのキャッシュフロー分析

	成長段階の会社	安定期の会社	衰退期の会社（倒産の危険性あり）
[X]営業活動によるキャッシュフロー	100	200	▲50
[Y]投資活動によるキャッシュフロー	▲200	▲100	100
[X]＋[Y]フリーキャッシュフロー	▲100	100	50
[Z]財務活動によるキャッシュフロー	150	▲50	▲50

＜成長段階＞
営業キャッシュ[X]以上に投資を行い[Y]、フリーキャッシュフローのマイナス分（[X]＋[Y]）を借入金など[Z]で調達している状態。

＜安定期＞
営業キャッシュ[X]の範囲内で投資を行い[Y]、フリーキャッシュフローのプラス分（[X]＋[Y]）で借入金など[Z]を返済している状態。

＜衰退期＞
営業キャッシュ[X]がマイナスになり、土地や建物の売却などを行い、投資キャッシュ[Y]をプラスにし、フリーキャッシュフローのプラス分（[X]＋[Y]）で借入金など[Z]を返済している状態。

〔Q7〕〔Q8〕〔Q9〕を解説しながら、損益計算書、貸借対照表、キャッシュフロー計算書の概要をお伝えしてきました。

なぜこのような問題を皆さんに考えていただいたかというと、自社の決算書を自分が十分に理解していないと、他人が下した会社評価情報を信じきってその情報で会社の評価を決めたり、またその情報を信じて間違った意思決定をする危険性があることを認識していただきたかったからです。たとえ他の人の会社評価が間違っていないにしても、会社の一部分の決算情報、つまり、ある視点から見た場合は正確な情報かもしれませんが、視点を変えた場合には、その情報は違った見え方をする場合があるのです。先に述べましたように、同じ会社でも視点を変えて見ればよいという評価もできますし、悪いという評価をすることもできます。

まず自社の決算書分析をしてください。重要なことは、いろいろな視点から会社を分析して、自分の会社を自分自身で評価する習慣をつけることです。他人の会社評価をそのまま自分の評価とすることは、今日からおやめいただきたいと思います。

第4章

決算書を読む

第３章で損益計算書、貸借対照表、キャッシュフロー計算書とはどのようなものであるのかについて学んできました。でもやっぱり難しいなと感じている方も多いのではないでしょうか。そんな皆さんのために、誰もが知っている会計情報だけでも会社の分析ができるのだということを実感していただき、そのあとスターバックスコーヒージャパン㈱（以下スターバックス）の決算書（平成 23 年３月 31 日）の概要分析をしていきたいと思います。

1 かんたんな決算書の読み方

それでは、誰もが知っている会計情報はどのようなものがあるでしょうか。考えてみてください。

「売上高」「費用」「資産」「負債」「純資産」といった会計情報がまず浮かんでくるのではないでしょうか。

では、この誰でも浮かんでくるような会計情報の中から、「売上高」と「資産」の２つをピックアップし企業分析をしてみたいと思います。

Q10　売上高はいくら以上必要でしょうか？

Ａ社は、小売業（スーパー）経営をしているとします。資産は 2,000 万円あります。そこで問題です。売上高は最低いくら以上なければならないでしょうか？

「えーそんなのわかるはずないよ」という声が聞こえてきそうですが、そういわずに予想を立ててみてください。ここで重要なことは、

イメージを膨らませる

ことです。スーパーのイメージを膨らませてみてください。どうでしょうか。

お店がありますね。自社で持っているのであれば資産になります。まだ売れていない商品も資産になります。「商品は費用にもなるよ」という方もいらっしゃると思いますので、資産と費用の違いを説明します。厳密に会計の定義を説明しても混乱すると思いますので、わかりやすくするために一言でいいますと、資産は「次年度に繰越可能なもの」、費用は「今年度で使ってなくなるもの」と考えてください。

資産＝「次年度に繰越可能なもの」
費用＝「今年度で使ってなくなるもの」

商品の例でいいますと、売れなくて次年度に繰り越すものは資産、今年度で売ってなくなるものは費用となります。資産と費用の考え方は理解できましたでしょうか。

それでは問題に戻りまして、資産に対しての売上高はどれぐらいあればよいでしょうか。

「それでもわからないよ」という声が聞こえてきそうなので、4 択問題にしたいと思います。

①：　1,000 万円
②：　2,000 万円
③：　4,000 万円
④：20,000 万円（2 億円）

①〜④の売上高のうちどれになりますか。

答えは③です。では、なぜ③なのでしょうか。これは、総資産回転率（後で詳しく説明します）という経営指標の業界平均値を知っているかどうかが決め手になります。

$$総資産回転率 = \frac{売上高}{資産}$$

資産 2,000 万円で、①〜④の売上高で総資産回転率を求めますと、

①：　1,000 万円 ⇒ 0.5 回転
②：　2,000 万円 ⇒ 1 回転
③：　4,000 万円 ⇒ 2 回転
④：20,000 万円（2 億円）⇒ 10 回転

ということになります。

③が正解になるのですが、なぜならばスーパーの業界の総資産回転率の平均値は 2 回転だからです。つまり、これは小売業の業界平均値を知らないと答えがわかりませんが、逆に知っ

ていれば簡単に答えが出るわけです（次章以降で業界別の決算書の特性などを把握していきます）。

小売業の業界平均値は２回転ということになれば、①、②の売上高では少ないことになります。あまり売れていないスーパーであるということが予想できます。④の売上高であれば、非常に売れているスーパーということがいえます。

このように、「売上高」「資産」といった誰もが知っている会計情報からでも、十分に分析ができるということがおわかりいただけたと思います。

「売上高」「資産」という言葉はよく知っているよ、という方はたくさんいらっしゃると思いますが、「自社の『売上高』『資産』の金額を知っていますか？」という問いかけをすると、私の経験からですが、知らない方のほうが多いのではないでしょうか。皆さんはいかがでしょうか。

この２つの科目の金額については、最低でも自社と競合企業の数値は知っておく必要があります。自社や競合企業、さらに興味のある会社の「売上高」「資産」を見る習慣をつけるだけで、決算書に対するアレルギーはなくなっていくと思います。

2 決算書の分析例 スターバックス

それでは１つ問題を出します。

コーヒーを販売しているスターバックスは非常に有名な会社ですが、日本のスターバックスを運営しているスターバックスコーヒージャパン㈱の平成 23 年 3 月 31 日現在の資産の合計金額はいくらでしょうか。ちなみに直営店舗数は 878 店舗（平成 23 年 3 月 31 日現在）となっています。

わかりますか。たぶんわからない方が多いのではないでしょうか。なんとなく面白いと思いませんか。「資産」はよく知っている会計用語、また「スターバックス」という会社もよく知っている。でも資産の金額はわからないのです。この事実がポイントなのです。つまり、「資産」というみんなが知っている会計情報に関しても、ほとんどの人が数値までは把握していないということなのです。ですので、いろいろな会社の資産の金額を頭に入れておくだけで会社の規模の比較ができて、他の人よりも決算書分析が一歩リードできるのです。

貸借対照表から読む

それでは、解答を発表しましょう。スターバックスの資産の合計金額は、

507 億円

になります。

近い数字を予測できていましたでしょうか。

この資産の金額が把握できますと、（負債＋純資産）の合計金額も図表４－１で示すように同じ金額になります。

図表 4-1　スターバックスの貸借対照表（平成23年3月31日）単位：億円

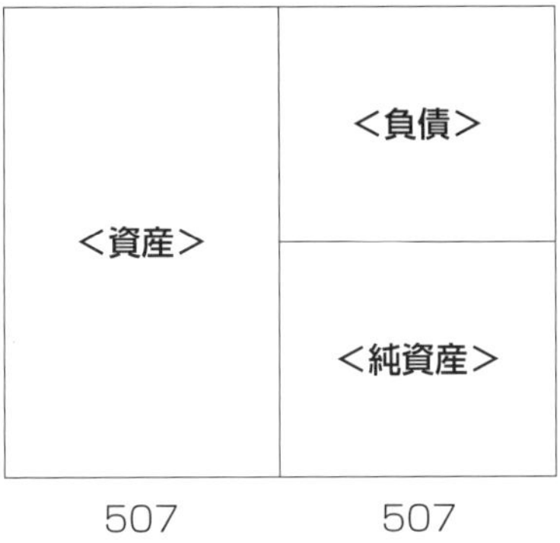

それでは、次に外部調達の負債、内部調達の純資産はいくらぐらいになるのかを把握しておく必要があります。

それでは、507 億円の資産を持つために、負債、純資産の調達割合はどうなるのか考えてみてください。いくらになるでしょうか。

答えは、図表４－２のとおりになります。スターバックスは、外部調達よりも内部調達の割合が多く安全な会社だということがいえますね。

図表 4-2　スターバックスの貸借対照表（平成23年3月31日）単位：億円

このように、「資産」「負債」「純資産」の 3 つの塊の金額を把握することで、その会社の特徴を知ることができます。

損益計算書から読む

それでは損益計算書を見ていきましょう。

まず売上高ですが、平成 22 年 4 月 1 日～平成 23 年 3 月 31 日までの 1 年間でいくら売上高を上げているか予測してみてください。資産が 507 億円でしたね。

ヒントを差し上げましょう。スターバックスの業種は小売業になります。

そうです。先ほど説明しましたが、小売業は資産に対して売上高は業界平均で 2 倍でしたので、売上高は 507 億円×2＝1,014 億円前後になるかなと予測できます。予測できた方、よいですね。

スターバックの総資産回転率はほぼ業界平均値の2回転になり、正解は、

1,015億円

になります。

売上高の1,015億円が見えてきたところで、それぞれの利益はどのようになっているのか、損益計算書を見ていくことにします。

図表4-3 損益計算書の概要

＜損益計算書＞

売上高

売上原価（売上高に対応する原価）

売上総利益（ブランド力を表す）

販売費及び一般管理費（売上高を出すために使う費用）

営業利益（営業活動から発生する利益）

営業外収益（本業以外の収益）

営業外費用（本業以外の費用）

経常利益（経営活動により、毎期経常的・反復的に生じる利益）

特別利益（業務内容と関係のない部分で発生した利益）

特別損失（業務内容とは関係のない部分で発生した損失）

税引前当期純利益（企業の期間的処分可能利益）

法人税等

当期純利益（最終利益）

損益計算書には、５つの利益、売上総利益、営業利益、経常利益、税引前当期純利益、当期純利益があることがわかります。スターバックスは、どのような収益構造になっていると思いますか。予測をしてみてください。

予測できましたら確認してみてください。図表４－４が、スターバックスの損益計算書になります。

図表 4-4　スターバックスの損益計算書

<損益計算書　平成22年4月1日～平成23年3月31日（単位：億円）>

売上高　1,015

売上原価　276

売上総利益　739

販売費及び一般管理費　676

営業利益　63

営業外収益　3

営業外費用　1

経常利益　65

特別利益　2

特別損失　42

税引前当期純利益　25

法人税等　14

当期純利益　11

※有価証券報告書より筆者作成

決算書分析がなれている方は、この損益計算書を見ると、頭の中で図表４－５にあるような図が浮かんでくると思います。

図表4-5　頭の中のイメージ図

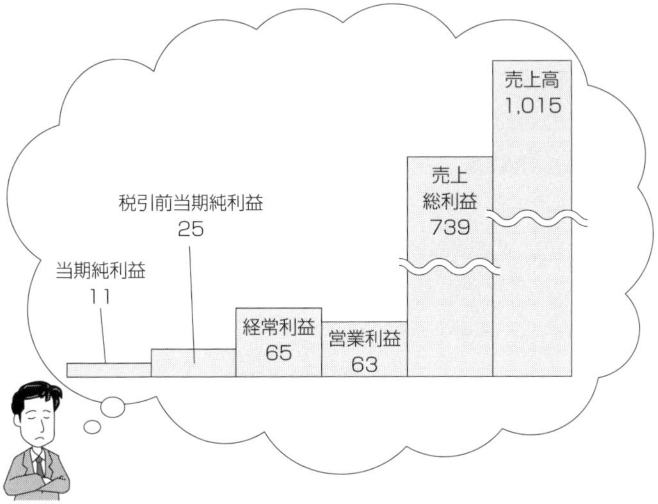

図表４－５から、企業のブランド力を表す売上総利益は高くなっていることがわかります。ただ、営業利益になると大幅に減少しています。販売費及び一般管理費がたくさんかかっていることになります。販売費及び一般管理費の中で特に多くかかっているものは、ブランドを維持するためによい立地にお店を構えていますので賃借料が非常に高くなっています。また本部に対して支払うロイヤリティー、店舗を運営するパートアルバイトの費用などが高くなっているのです。

経常利益は営業利益に対して2億円増えています。これは営業外費用よりも営業外収益が大きいということがいえます。一般的に営業外費用には借入金に対する支払利息、営業外収益には、銀行に預金すると受け取る受取利息、株式保有すると受け取る受取配当金があります。ではスターバックスの営業外収益で何が大きな影響を与えていたのかというと、受取利息や受取配当金というよりも「プリペードカード失効益」が多くなっていたということになります。

これは、お客様が保有する残金があるプリペードカードを3年間使わなかった場合、プリペードカードは使えなくなります。つまり、その残金がスターバックスの収益として計上されることになるのです。金額にしますと1億3,000万円になりますので、大きいものになります。

税引前当期純利益は、経常利益65億円から大きく下がり25億円になっています。特別利益よりも特別損失が大きかったことがいえます。特別利益や損失は、業務内容と関係のない部分で発生した利益や損失になります。例えば、いつ発生するか予想しづらい台風や、地震による影響で発生する損失などもこれに含まれます。

当期純利益は最終利益で、スターバックスは11億円となっています。売上高100%に対して約1.1%ということです。これはコーヒーを1杯400円で注文を受けると最終的に残る利益は4.4円ということがいえるのです。

さて、皆さんが持つスターバックスのイメージどおりでしたでしょうか。それとも、もっと利益を出しているのではないかと思われましたか。このイメージと決算書のギャップを分析していくと、深い分析ができるようになります。

キャッシュフロー計算書で読む

最後にキャッシュフロー計算書を見ることにします。平成22年4月1日～平成23年3月31日の営業活動によるキャッシュフロー、投資活動によるキャッシュフロー、フリーキャッシュフロー、財務活動によるキャッシュフローの動きを見ていきます。

図表4-6 スターバックスのキャッシュフロー計算書
(平成22年4月1日～平成23年3月31日)単位:億円

Ⓧ営業活動によるキャッシュフロー	4,619
Ⓨ投資活動によるキャッシュフロー	▲3,911
Ⓧ+Ⓨフリーキャッシュフロー	708
Ⓩ財務活動によるキャッシュフロー	▲639

スターバックスのキャッシュフロー計算書は、第2章で学んだ「成長段階の会社」「安定期の会社」「衰退期の会社」でいいますと、どれになりますか。

スターバックスのキャッシュフロー計算書は、営業活動によるキャッシュフローで十分にお金を得て、その範囲内で投資を行い、安定しているということになりますね。つまり「安定期の会社」ということになります。

第3章で学んだ安定期の状態を次に再掲しておきます。

＜安定期＞
営業キャッシュXの範囲内で投資を行いY、フリーキャッシュフローのプラス分（X＋Y）で借入金などZを返済している状態。

第３章で学んだ、損益計算書、貸借対照表、キャッシュフロー計算書をスターバックスという実在する企業に当てはめて見てきました。

いかがでしたでしょうか。単に会計の理論を勉強するのではなく、実在する企業を絡めて勉強すると理解が深まるな、ということを感じていただけたのではないかと思います。

第5章

経営活動と経営指標の関連性を把握する

決算書を分析して、「この会社は○○業界だ」と把握することができますか。「なんとなくはわかる」という方はもちろん、「どうやって見分ければいいの？」という方にもチャレンジしていただけるよう、演習問題を解きながら、経営活動と経営指標の関係を詳しく説明していきます。

決算書を経営指標に表し、ビジネスの特徴を把握し、業界を当てる問題にチャレンジしていただきます。

Q11　X社はどのような業界でしょうか。

	X社	
	平成22年度	平成23年度
売上高原価率	38.1%	37.6%
棚卸資産回転日数	114.4日	123.6日
売上債権回転日数	4.0日	3.2日
仕入債務回転日数	8.2日	5.8日

「え、これだけで業界がわかるの？」と思われたのではないでしょうか。一緒に導き方を身につけていきましょう。

1 経営活動と経営指標の関係

この章では、決算書分析をもう一歩踏み込んだ形で行っていこうと思います。

経営指標（営業利益率、自己資本比率、総資産回転率、流動比率、固定比率など）については、研修や書籍などで学んだことのある方もいらっしゃるでしょう。「営業利益率は高いほうがよい」「総資産回転率は高いほうがよい」「固定比率は低いほうがよい」といった感じで学ばれている方が多いと思います。

研修やコンサルティングの場で私は常々、このような経営指標を、「高い」「低い」だけの評価目的でしか使わないのは危険だと感じています。たしかに「高い」「低い」という評価は重要ですが、それ以前にそれぞれの経営指標の意味、および経営活動と経営指標の関係を十分に把握しなければ、経営指標を有効に活用できないことになります。

すなわち、経営活動がどのように決算書に影響し経営指標に表れるのかを把握しておかないと、「昨年度と比較して低くなったから悪い」といった単純な分析しかできず、次への改善につながらない危険性があります。単なる数値の高低でなく、なぜ低くなったのか、高くなったのかという具体的な原因を追究していかなければならないのです。

〔Q 11〕を考える前に、次の３つの問題を先に考え、経営活動と経営指標の関連性を見ていきましょう。

経営活動と経営指標の関係を理解する

さて、皆さんは、次の文章の意味を説明することができるでしょうか。

❶製造業では、受注が減少すると売上高原価率が高くなる。

❷総資産回転率は、小売業では高く、製造業では低くなる。

❸当期純利益を高めると，自己資本比率は高くなる。

いかがでしょうか。なんとなくはわかるけれども正確には説明できない、という方が多いのではないでしょうか。以下の説明で確認していただければと思います。

それではまず、売上高原価率についての説明をしていきましょう。

❶ 売上高原価率

Q12　次の文章の意味を説明してください。

製造業では、受注が減少すると売上高原価率が高くなる。

売上高原価率は、以下の計算式で導きます。

$$\text{売上高原価率} = \frac{\text{売上原価}}{\text{売上高}} \times 100$$

「売上高」は、製品、商品やサービスを販売あるいは提供した際に発生します。

「売上原価」は、販売された製品の製造費用や販売された商品の仕入費用を指します。例えば製造業であれば、材料費、工場で働く人の人件費、その他費用（水道光熱費、減価償却費など）が売上原価となります。

一般的に、人件費やその他の費用は、100個製造する場合でも50個製造する場合でも増減しません。そのため同じ値段で商品を販売する場合、受注が減っても製造費はさほど減らないため、売上高原価率が高くなるのです。

ではこれを、実際に数字を当てはめて見てみましょう。理解を深めるためには、変動費と固定費について知らなければなりません。

図表5-1　変動費と固定費

変動費：販売数量に伴って増減する費用
固定費：販売数量に伴って増減しない費用

＜製造業の場合＞		受注製造数量 100個	受注製造数量 50個
変動費	材料費（1万円／個）	100万円	50万円
固定費	人件費	100万円	100万円
	その他費用	100万円	100万円
合計		300万円	250万円
製造コスト／個		3万円	5万円

製造業では、販売量に伴って増減する材料費が変動費、工場で働く人の人件費やその他費用（販売量に伴って増減しないので）が固定費です。

図表5－1のように、変動費は受注製造数量によって増減しますが、固定費（人件費、その他費用）は一般的に100個製

造する場合でも50個製造する場合でも増減しません。そのため、受注製造数量が100個から50個に減ると、1個当たりの製造コストは3万円から5万円となり、仮に販売単価が10万円だとすると、売上高原価率は30%から50%となります。受注製造数が減ることで売上高原価率が20%も高くなるのです。

それでは、実際の企業事例で確認してみましょう。

図表5-2　売上高原価率（単体決算書）の例

トヨタ自動車（株）		日産自動車（株）	
平成19年度	平成20年度	平成19年度	平成20年度
80.9%	89.8%	86.3%	97.4%

※有価証券報告書より筆者計算

サブプライムの影響を受けて受注が減った平成20年度のトヨタ自動車と日産自動車の売上高原価率は、前年の平成19年度と比べて大きく上がっているのがわかりますね。製造数が減ることによって1台当たりの製造コストが上がっていることが把握できます。

次に、総資産回転率について説明します。

❷ 総資産回転率

Q13　次の文章の意味を説明してください。

総資産回転率は、小売業では高く、製造業では低くなる。

総資産回転率の説明は行いましたが、もう一度、式を表しますと次のようになります。

$$\text{総資産回転率} = \frac{\text{売上高}}{\text{資産}}$$

そして、小売業の総資産回転率の業界平均値を覚えていらっしゃいますか。これはよく覚えていると思います。そうです、２回転になります。

具体的な例で確認していきましょう。総資産回転率が図表５－３のようなAパターンとBパターンがあります。小売業と製造業はそれぞれどのパターンに該当するでしょうか。

図表 5-3　総資産回転率の２つのパターン

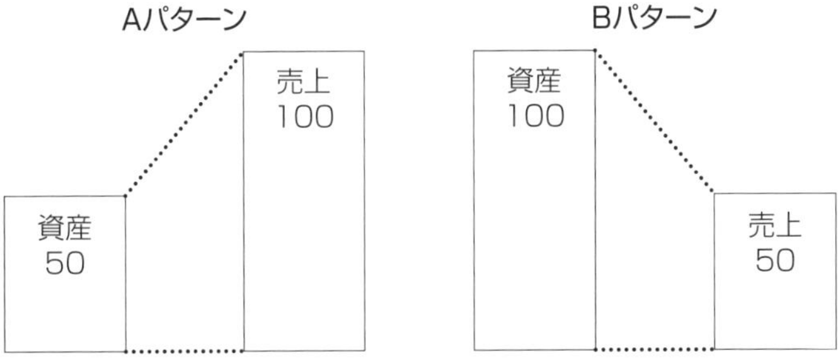

Aパターンは２回転、Bパターンは0.5回転になります。どちらがよいパターンといえるでしょうか。当然、少ない資産でより多くの売上を上げることができているAパターンがよいということになります。もうおわかりだと思いますが、総資産回転率が２回転であるAパターンが小売業で、したがってBパターンが製造業になります。

では、総資産回転率は、なぜ小売業では高くなり、製造業では低くなるのでしょうか。

その理由は以下の２つがあります。

①これは比較的わかりやすいと思いますが、製造業は小売業に比べて工場や機械設備などの固定資産を多く保有しているためです。

②それは時間です。仕入から販売までの時間、つまり日数が大きく異なるためです。

＜小売業＞

※仕入れてから販売までの日数が短い

＜製造業＞

※材料を仕入れて販売するまでに時間がかかる

小売業は仕入れた商品をすぐに販売することができますが、

製造業は加工を行うので材料が製品になるまで時間がかかり、棚卸資産（在庫）が会社に眠っている時間が長くなるため、小売業よりも棚卸資産（在庫）の回転が悪くなり総資産回転率が1回転を切る場合が多くなります。

これを実際の企業事例で確認してみましょう。

図表 5-4　総資産回転率（連結決算書）の例

王子製紙（株）	（株）ヤマダ電機
平成 22 年度	平成 22 年度
0.7 回転	2.3 回転

※有価証券報告書より筆者計算

このように、製造業である王子製紙の回転率は1回転を切って 0.7 回転、小売業であるヤマダ電機の回転率業界平均値 2 回転を少し上回り、2.3 回転と高いことがわかります。

Q14　次の問いに答えなさい。

「おーいお茶」で有名な（株）伊藤園の総資産回転率は 1.8 回転（平成 22 年度）あります。それはなぜでしょうか？

一般的に考えますと、伊藤園は製造業であり 1 回転を切りそうですね。ではなぜ 1 回転を大きく超えて、小売業の平均値に近いのでしょうか。理由を考えてみてください。おわかりでしょうか。

ヒントは、なぜ製造業の総資産回転率が低くなっているのかを考えてみてください。

製造業の総資産回転率が低くなる理由は、

①工場などの固定資産が多くなる。

②材料を仕入れてから製品化し販売するまでの時間が長くなる。

ということでしたね。

では製造業の総資産回転率を高めるためには、何をすればよいのでしょうか。当たり前ですが、①②の理由をなくせば総資産回転率は上がることになります。

①工場などの固定資産が多くなる。

⇒工場などの固定資産を少なくする。

②材料を仕入れてから製品化し販売するまでの時間が長くなる。

⇒仕入れから販売までの時間を短くする。

「工場などの固定資産を少なくする」であるとか、「仕入れから販売までの時間を短くする」ことができれば、総資産回転率を上げることができます。

実は伊藤園は「工場などの固定資産を少なくする」方法をとっているのです。このような特徴の企業を「ファブレス企業」といいます。ファブレス（fabless）とは、その名の通り fab（fabrication facility、つまり「工場」）を持たない会社のことをいいます。工場を所有せずに製造業としての活動を行う企業を指します。つまり伊藤園は商品の製造を外注して、外注先から商品を仕入れているというビジネスモデルで商売を行っているのです。

総資産回転率について、もう一問解いてみましょう。

Q15　次の問いに答えなさい。

0.7回転だった総資産回転率が10年間で1回転になりました。なぜでしょうか？

売上高は10年間変化していないものとします。

×1年	×2年	×3年	×4年	×5年	×6年	×7年	×8年	×9年	×10年
0.7	0.73	0.77	0.8	0.83	0.86	0.9	0.94	0.97	1

※売上高は変化していないということが前提となります。

〔Q15〕の内容を総資産回転率算出の式に加筆しますと、次のようになります。

$$\text{総資産回転率} = \frac{\text{売上高}}{\text{資産}}$$

売上高 ← 一定

資産 ← 毎期少なくなっている

売上高が一定ということになりますと、資産が減少していかないと総資産回転率が上がりません。では売上高は変わらずに資産が減少するとは、いったいどういうことなのでしょうか。実は、もうすでに学んだ内容で対応できます。

そうです。減価償却費が影響しているのです。工場や機械設備で考えますと減価償却費分が毎期減少していきますので、工場の会計上の金額は減少していくことになります。このような会社が仮にあった場合、新しい設備投資を行っていないことになりますので、古い機械設備や工場であることが予想できます。
次に当期純利益と自己資本比率について説明します。

❸ 当期純利益・自己資本比率

Q16　次の文章の意味を説明してください。

当期純利益を高めると自己資本比率は高くなる。

これは、損益計算書と貸借対照表の関係性を考えなければならない問題です。図表５－５をご覧ください。

図表 5-5　損益計算書と貸借対照表

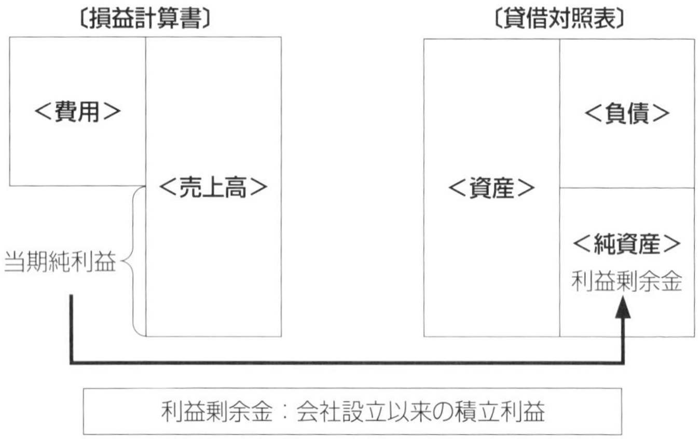

損益計算書では、売上高からさまざまな費用を差し引いて当

期純利益が算出されますが、次の期になればまたゼロベースで売上高、費用を計上して経営成績を表していきます。

では最終的に残る当期純利益はどこにいくのでしょうか。その答えは「純資産の中の利益剰余金（創設以来の積立利益）に移る」のです。より正確には、当期純利益から（株主への）配当金が引かれ、その残りが利益剰余金となります。

ここで皆さんは「純資産に利益剰余金が増えますが、資産はそのままであるので 資産＝負債・純資産 の式が成り立たらなくなるのでは？」という疑問があると思いますので、補足して説明をいたしましょう。

仮に新しく会社を設立したとします。

設立時の貸借対照表は、銀行から 100 万円借入、株主から出資 100 万円してもらい現金 200 万円持っていたとします（現実には現金だけ持っている会社はないですが、わかりやすくするためにこの前提で考えます）。

図表 5-6　会社設立時の貸借対照表

<table>
<tr><td rowspan="2">＜資産＞
現金
200</td><td>＜負債＞
借入金
100</td></tr>
<tr><td>＜純資産＞
資本金
100</td></tr>
</table>

そして会社設立後、損益計算書に現金売上高 100、現金費用 50 あったとします。

図表 5-7　会社設立後の損益計算書・貸借対照表

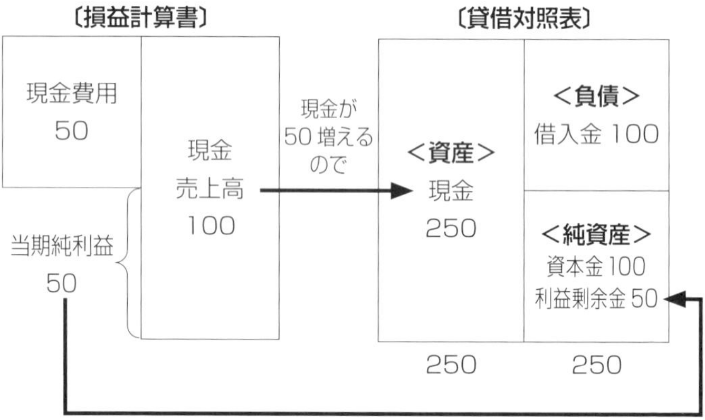

図表５－７からからわかるように、損益計算書から 現金売上－現金費用 により現金が 50 万円増えます。増えた現金は資産の現金を増加させます。当期純利益 50 は純資産の利益剰余金に移るので、資産 250 と負債・純資産 250 となります。

このように当期純利益が増えると、結果として資産、純資産の額が大きくなり、自己資本比率が高くなるのです。

その他に自己資本比率を高めるには、

- 負債を返済する
- 増資をする

という方法があります。

経営分析などの研修の中で、「自己資本比率を高める方法は何がありますか？」と質問すると、受講生から「負債を返済する」「増資をする」はすぐに出てきますが、「当期純利益を増やす」ということはなかなか出ません。つまり、当期純利益を高めることは自己資本比率を高めることと関係ないと考えている方が非常に多いのではないでしょうか。ここで是非、今までの内容を十分に理解していただきたいと思います。

〔Q 12〕から〔Q 16〕を学習してきて、「経営指標分析は、経営活動と経営指標の関係性を十分に理解した上で行わなければあまり意味がない」ということを理解していただけたでしょうか。

2 経営指標分析から業界を知る

では、最初の経営指標から業界を考える問題を解いてみましょう。

〔Q11〕の解説と解答

図表 5-8　X 社の決算書

	平成 22 年度	平成 23 年度
売上高原価率	38.1%	37.6%
棚卸資産回転日数	114.4 日	123.6 日
売上債権回転日数	4.0 日	3.2 日
仕入債務回転日数	8.2 日	5.8 日

＜平成 22 年度販売費及び一般管理費データ＞
給料：3,313 百万円　パート・アルバイト給与：8,165 百万円

※有価証券報告書からデータ引用

まず、売上高原価率、棚卸資産回転日数、売上債権回転日数、仕入債務回転日数の経営指標の意味を知る必要があります。売上高原価率は先ほど説明しましたので、残り 3 つの指標の意味を説明します。

＜棚卸資産回転日数＞

仕入れて販売するまでの日数を表します。

$$\text{棚卸資産回転日数} = \frac{\text{棚卸資産（材料、製品、商品など）}}{\text{1日の売上原価（売上原価÷365）}}$$

＜売上債権回転日数＞

販売先から現金回収するまでの日数を表します。

$$\text{売上債権回転日数} = \frac{\text{売上債権（売掛金、受取手形）}}{\text{1日の売上高（売上高÷365）}}$$

＜仕入債務回転日数＞

仕入先に現金支払いするまでの日数を表します。

$$\text{仕入債務回転日数} = \frac{\text{仕入債務（買掛金、支払手形）}}{\text{1日の売上原価（売上原価÷365）}}$$

この3つの指標の意味を理解した上で、以下を読む前にどのような業界になるのかを考えてみてください。

想像できましたでしょうか。ではここで、平成22年度の3つの指標について図解してみましょう。

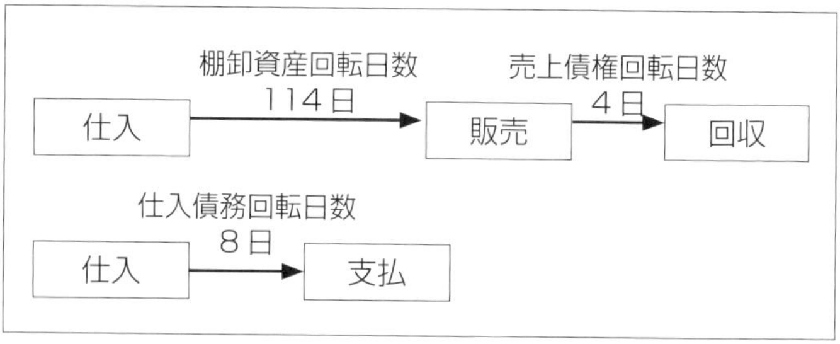

このように図解してみると、仕入れてから販売するまで（棚卸資産回転日数）にかなり時間がかかっている一方、販売後の回収（売上債権回転日数）はかなり早く、また仕入れてからの支払い（仕入債務回転日数）も早いことがわかります。

さらに以下のヒントから業界を想像してください。

- 売上債権回転日数が短いということから販売先を予測してみてください。
- 仕入債務回転日数が短いということから仕入先を予測してみてください。

販売先はどこなのか、仕入先はどこなのか、少し考えてみてください。

まず販売先ですが、売上債権回転日数が短いということは、販売してすぐ現金を回収しているということになります。この場合、一般消費者、つまり個人と考えることができますね。法人相手であれば通常30日～40日程度はかかります。

では仕入先はどうでしょう。仕入先にも販売先と同じように個人と法人があります。相手が法人であれば、仕入の代金支払いについても30日～40日程度かかります。仕入先にこれだけ早く支払うということは、相手は個人という可能性が高くなりますね。

さらに、パート・アルバイトの給与総額が正社員の給与総額よりも多いので、パート・アルバイトの人数が多いことがわかります。そして仕入先が個人で、販売先も個人となると、どのような業界が考えられるでしょうか。

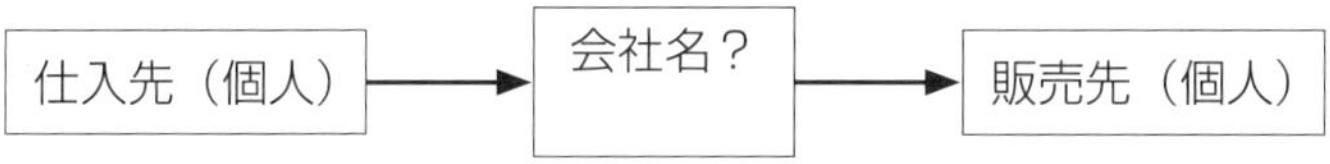

個人から仕入れて、個人に販売しているというと……

リサイクル業界と推測できるのではないでしょうか。

どうですか。おわかりですか。リサイクル業界とわかれば分析は十分です。

ちなみに会社名はおわかりですか。リサイクル業で、売上原価率が低くて、棚卸資産回転日数が長いとなると……

「ブックオフコーポレーション㈱」「㈱ハードオフコーポレーション」「㈱コメ兵」などの会社名が浮かんでくると思います。

〔Q11〕の解答は「リサイクル業界」です。ちなみに質問の経営指標の数値の会社は、ブックオフコーポレーション㈱です。

このように、経営指標から経営活動を把握し、業界を推測することが可能です。

今回触れた経営指標は一部です。その他にもたくさんの経営指標がありますが、必ず経営活動と経営指標を関連させて勉強する習慣を身につけてください。それらを関連させられるようになると、今の仕事がどのように決算書に影響を与えるのかを把握できるようになると思います。

第6章

経営指標から会社名を推測する

第５章では、決算書から業界予測を行いました。業界の特性が決算書に表れるということはご理解いただけたのではないかと思います。

第６章では、業種を予測したのちに会社名を当てる、という演習問題にチャレンジしていただきます。

演習問題 会社のビジネスモデルを探る

Q17 それぞれいずれの会社でしょうか？

下記のＡ社、Ｂ社、Ｃ社は、家電量販店の「㈱ビックカメラ」、不動産業の「住友不動産㈱」、駐車場事業の「パーク24㈱」いずれかの経営指標数値の一覧です。Ａ社～Ｃ社は、それぞれどの会社でしょうか？

	Ａ社	Ｂ社	Ｃ社
売上高原価率	72.7%	74.0%	73.6%
売上高総利益率	27.3%	26.0%	26.4%
売上高販管費用比率	15.7%	6.8%	23.1%
売上高営業利益率	11.6%	19.2%	3.3%
流動比率	150.5%	97.0%	86.3%
当座比率	149.7%	26.8%	55.1%
固定比率	124.8%	460.8%	162.9%
自己資本比率	64.0%	16.0%	35.4%
総資産回転率	0.9回転	0.2回転	2.6回転
棚卸資産回転日数	0.6日	461.7日	28.8日
売上債権回転日数	0日	9.1日	9.1日
仕入債務回転日数	0日	22.2日	30.9日

※平成22年度有価証券報告書の単体決算書から筆者作成

経営指標から会社の業種を特定する

まず〔Q17〕の設問データA社、B社、C社の経営指標を見て、どのような業種なのかを考えなければなりません。㈱ビックカメラは「小売業」、住友不動産㈱は「不動産業」、パーク24㈱は「サービス業」です。

さて、〔Q17〕の上記指標の中で、まだ触れていない経営指標が6つあります。それは「売上高総利益率」「売上高販管費用比率」「売上高営業利益率」「流動比率」「当座比率」「固定比率」です。これらの経営指標を知らなくても答えは導き出せますので、現段階で「わかった」という人もいらっしゃるかもしれません。

しかし、これら6つの経営指標にも、判断を確固たるものにする根拠になるものがあります。これからこの6つの経営指標に焦点をあて企業名を当てていきます。

売上高総利益率・売上高販管費用比率・売上高営業利益率から見極める

それではまず、「売上高総利益率」「売上高販管費用比率」と「売上高営業利益率」の3つの経営指標を、図を用いて説明していきます。

図表 6-1　営業利益の考え方

売上高から売上原価を差し引いたものが売上総利益になります。そして売上総利益から販売費及び一般管理費（以下、販管費）を差し引いたものが営業利益になります。販管費とは、言葉どおり、販売や会社の管理のためにかける費用です。例をあげますと、人件費、広告宣伝費、賃借料、保険料、運賃、通信費、水道光熱費、交際費などです。営業利益のことを「本業の利益」ということもあります。

$$\text{売上高総利益率} = \frac{\text{売上総利益}}{\text{売上高}} \times 100$$

売上高総利益率の算出方法は上記のとおりですが、売上高総利益率は、付加価値を表します。例えば、小売業であれば、仕入れた商品に利益を付加し販売しますが、この付加した利益の割合のことが売上高総利益率になります。

売上高販管費用比率及び売上高営業利益率の算出方法は次のようになります。

$$売上高販管費用比率 = \frac{販管費}{売上高} \times 100$$

$$売上高営業利益率 = \frac{営業利益}{売上高} \times 100$$

売上高販管費用比率は、低いほうが費用対効果がよいということになります。一方、売上高営業利益率が高いと、本業の利益率が高いということになります。

一般的に販管費を占める割合が一番大きいのは人件費です。そして、商社など1人当たりの取り扱い金額が大きい業種では、例えば年収500万円の人が5億円の取引をすることもあるため、売上高に対する販管費の割合は低くなります。

それでは、これらの経営指標で特徴を見てみましょう。

図表6-2　〔Q 17〕の経営指標（一部）

	A社	B社	C社
売上高原価率	72.7%	74.0%	73.6%
売上高総利益率	27.3%	26.0%	26.4%
売上高販管費用比率	15.7%	6.8%	23.1%
売上高営業利益率	11.6%	19.2%	3.3%

B社は、売上高に対して販管費の割合がかなり少ないことが見てとれます。それに対してC社は、他の2社に比べ売上高に対する販管費の割合が多いことも判断の根拠になりますね。

流動比率・当座比率・固定比率から見極める

「流動比率」「当座比率」「固定比率」は、貸借対照表の経営指標になります。貸借対照表とは、「会社の体力」を表す指標でしたね。

貸借対照表は、「資産」「負債」「純資産」の3つに大別されますが、今回はもう少し細かく、図表6－3に示すように5つの塊に分けてみましょう。

図表 6-3　貸借対照表

<table>
<tr><td rowspan="2">＜流動資産＞
• 1 年以内に現金化されるもの（現金、預金、売掛金、受取手形、有価証券、棚卸資産※など）</td><td>＜流動負債＞
• 1 年以内に返済しなければならないもの（買掛金、支払手形、短期借入金など）</td></tr>
<tr><td rowspan="2">＜固定負債＞
• 1 年超かけて返済しなければならないもの（社債、長期借入金など）</td></tr>
<tr><td rowspan="2">＜固定資産＞
• 1 年超使用、保有するもの（土地、建物、投資有価証券など）</td></tr>
<tr><td>＜純資産＞
• 内部調達したもの（資本金、利益剰余金など）</td></tr>
</table>

決算書から金額を探して当てはめる（以下図中の数字はサンプルです）

サンプル貸借対照表

<table>
<tr><td rowspan="2">＜流動資産＞
60
（※棚卸資産 30 含む）</td><td>＜流動負債＞
40</td></tr>
<tr><td rowspan="2">＜固定負債＞
40</td></tr>
<tr><td rowspan="2">＜固定資産＞
40</td></tr>
<tr><td>＜純資産＞
20</td></tr>
<tr><td>資産 100</td><td>負債・純資産 100</td></tr>
</table>

※棚卸資産は在庫を表し、材料、製品、商品などのことをいいます。

５つの塊それぞれに入る金額は、決算書から探して当てはめます。お手元に自社の決算書があれば、ぜひやってみてください。

では、「流動比率」「当座比率」「固定比率」について、解説していきましょう。

❶ 流動比率

まず流動比率ですが、これは、短期の資金繰りがあるかどうかを把握する指標です。流動負債と流動資産から求めます。

$$流動比率 = \frac{流動資産}{流動負債} \times 100$$

流動負債は１年以内に返済するもの、流動資産は１年以内に現金化されるものです。当然、流動負債よりも流動資産が大きいほうがよいわけですから、流動比率は100%以上が好ましいということになります。サンプル貸借対照表での数値で計算しますと150%ですので、資金繰りがよい状態といえます。

ただ流動比率が100%以上だからといって安心してはいけません。流動資産の中には、棚卸資産（在庫）が含まれるのです。この棚卸資産（在庫）が不良在庫になり販売できなくなると、１年以内に現金化されなくなる危険があります。

この在庫のリスクを加味して分析する経営指標が当座比率です。

❷ 当座比率

$$当座比率 = \frac{当座資産}{流動負債} \times 100$$

上式の分子にある当座資産の算出式は、

当座資産＝流動資産－棚卸資産（在庫）

となります。

在庫のリスクを取り除いていますので、この指標が100%以上あれば短期の支払い能力は高いということになります。サンプル貸借対照表では当座資産は30（＝流動資産60－棚卸資産30）ですので、当座比率は75%になります。当座比率が100%を下回るということは、「在庫が不良在庫になると短期の支払い能力が低下する」ということを表しています。また、流動比率150%と比べて当座比率が75%と大幅に低くなることから、在庫を持つことが標準的な業種であるといえます。

❸ 固定比率

最後に固定比率を見ていくことにしましょう。固定比率は固定資産を内部調達の資金でまかなえているかどうかを把握する指標です。

$$固定比率 = \frac{固定資産}{純資産} \times 100$$

プライベートのことを考えてみてください。車、マンション、一軒家などを買うとき、お金を銀行から借り入れるよりも自己資金で買うほうがよいことはわかると思います。言い換えれば、固定資産よりも純資産が大きいほどよいので、固定比率は100%以下が好ましいということになります。ただ、電力業やガス業などでは工場や設備などの固定資産をたくさん持たなければならないため、固定比率が高くなる特徴があります。サンプル貸借対照表では200%になりますので、固定資産を内部調達資金でまかないきれていないということがわかりますね。

流動比率、当座比率、固定比率という３つの経営指標が理解できたところで、例題の、各社の経営指標を改めて確認してみましょう。

図表 6-4　〔Q17〕の経営指標（一部）

	A社	B社	C社
流動比率	150.5%	97.0%	86.3%
当座比率	149.7%	26.8%	55.1%
固定比率	124.8%	460.8%	162.9%
自己資本比率	64.0%	16.0%	35.4%

A社は、流動比率と当座比率の差がほとんどないので，在庫を持たないことがわかります。それに対してB社、C社は流動比率と当座比率に差がありますので、在庫を持つ業種だと考えることができます。特にB社はC社と比較して流動比率と当座比率の差が大きいので、C社よりもB社のほうが、より在庫

が多いだろうと推測されます。

固定比率は3社とも100%を超えており、固定資産をたくさん持っていることがわかります。その中でもB社の固定比率は460.8%と大変高く、固定資産を相当保有していると推測することができます。

〔Q17〕の解説と解答

それでは、もう一度〔Q17〕のすべての経営指標を提示します。アミカケのある経営指標がヒントになります。A社、B社、C社の会社名を出してみてください。

図表6-5　〔Q17〕の経営指標

	A社	B社	C社
売上高原価率	72.7%	74.0%	73.6%
売上高総利益率	27.3%	26.0%	26.4%
売上高販管費用比率	15.7%	6.8%	23.1%
売上高営業利益率	11.6%	19.2%	3.3%
流動比率	150.5%	97.0%	86.3%
当座比率	149.7%	26.8%	55.1%
固定比率	124.8%	460.8%	162.9%
自己資本比率	64.0%	16.0%	35.4%
総資産回転率	0.9回転	0.2回転	2.6回転
棚卸資産回転日数	0.6日	461.7日	28.8日
売上債権回転日数	0日	9.1日	9.1日
仕入債務回転日数	0日	22.2日	30.9日

A社、B社、C社は、次のいずれか：㈱ビックカメラ　住友不動産㈱　パーク24㈱

＜A社の経営指標の特徴＞

（1）流動比率と当座比率の差がほとんどないことから、在庫をほとんど持たないことがわかり、サービス業ではないかと推測できます。

（2）棚卸資産回転日数、仕入債務回転日数がゼロに近いということは、仕入れも在庫もない業種すなわちサービス業ではないかと推測できます。

以上の根拠から、A社は、**パーク24㈱**と考えられます。

＜B社の経営指標の特徴＞

（1）売上高販管費用比率が低いことから、1人当たりの取り扱い金額が大きい業種ではないかと推測することができます。

（2）流動比率と当座比率の差が大きいので、在庫をたくさん持つ業種だと推測できます。

（3）固定比率が桁違いに高いことから、賃貸物件などの高額な固定資産を保有する不動産業ではないかと推測できます。

（4）総資産回転率が低いことから、マンションなどを製造している不動産業の可能性が高いと推測できます。

（5）棚卸資産回転日数が長いことから、不動産業の可能性が高いと推測できます。

材料などを仕入れてからマンションや家などを建設し販売するまで時間がかかりますね。この指標が長いのは不動産業界の特徴なのです。

以上の根拠から、B社は、**住友不動産㈱**と考えられます。

＜Ｃ社の経営指標の特徴＞

(1) 売上高販管費用比率が他社よりも高い比率であるので、売上高に対して人件費あるいは広告宣伝費などをより多くかけているのではないかと推測できます。

(2) 流動比率と当座比率に差があるので、在庫を持つ業種だと推測でます。

(3) 総資産回転率が高いことから、小売業ではないかと推測できます。

以上の根拠から、Ｃ社は、㈱**ビックカメラ**と考えられます。

いかがでしたでしょうか。根拠を明確にして答えを導き出せたでしょうか。一読するだけで経営指標を覚えることは難しいと思いますので、少し不安だなという方は何回も読み返してみてください。そうしているうちに経営指標を使いこなせるようになります。

第６章では、経営指標から業種の特性を把握→会社名を推測することを試していただきました。ここまでできれば基礎的な決算書分析は十分ですが、さらにレベルを上げていきたいという方は、興味がある会社でかまいませんので、「会社の業種特性を把握→経営指標の予測→決算書から経営指標計算→答え合わせ」といった流れで勉強してみてください。この演習を繰り返すことで、決算書分析スキルはアップしていくと思います。

第7章

会社の未来を考える

ここまで読んでいただき、「会計」に対する考え方はよい方向に変化がありましたでしょうか。もう一歩だなという方は、もう一度、第１章から第６章までを読んでいただければと思います。

もう大丈夫だよという方は、そのまま続けて読んでいただければと思います。ここからは、「会社の未来をどのようにするのか」を考える上で必要な会計スキルを身につけていただきます。

「そんなスキル、どうすれば身につくの？」「社長でもないのに大丈夫？」と質問されそうですが、会社の設立段階から会社の経営シミュレーションを行っていただこうと思っています。そうすることで、経営者の視点から会社の未来を考えることができると思います。

演習問題　新規事業を立ち上げる ハンバーガー店の出店

会社の経営といっても、当然、皆さんがイメージしやすくないといけないですね。そこで、イメージしやすい会社の経営を行っていただくほうがよいと思いますので、

「ハンバーガー店」

の経営を一緒に考えていきたいと思います。

マクドナルドやモスバーガーなど、ハンバーガー店はたくさんありますが、皆さん一度は入店したことがあると思います。

自分の経験をフルに活かしてみてください。例えば、近所のハンバーガー店では、接客している人が何人いて厨房に何人いるかなといった感じです。

では早速ですが、経営を行うためには何から考えていかなければならないでしょうか。

事業プランを立てる

当たり前のことですが、「どんなハンバーガー店をつくるのか」これを決めなければなりません。これは２つの視点から決めるとよいと思います。

それは、

「顧客のニーズ」と「顧客のグループ」

です。

この２つの視点から、ハンバーガー店のイメージをふくらませていきます。

次頁の図表７－１を見ながら考えていきましょう。

図表 7-1　顧客ニーズ×顧客グループ

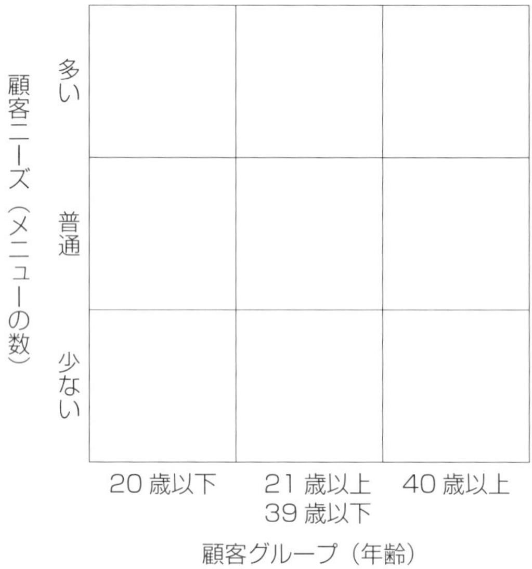

たて軸に「顧客ニーズ」、よこ軸に「顧客グループ」をとりました。たて、よことも に3つのニーズ、グループをとり、合計で9つの箱をつくりました。そしてこの9つの箱の中で1つ選び、どのようなハンバーガー店をつくっていくのかを考えます。

理想は競合会社などがどこの箱になるのかを考え、どこの会社も狙っていないで、かつ需要のある箱を選択することになります。ただ、現在外食産業は競争が激化していますので、どこの会社も狙っていない箱を選択するのは難しいかもしれません。

またこの例では、顧客ニーズはメニューの数、顧客グループは年齢にしていますが、実際に新規事業などを行う場合は、これらにとらわれることなく顧客のニーズやグループを自由に考えて設定してください。

他の例を挙げますと、顧客ニーズであれば食材品質、健康志向など、顧客グループであれば来店人数（1人、2人、3人以上）などがあります。

「この9つの箱から選んでくださいといわれても難しいなあ」「ライバル会社も出店地域によってニーズ、グループが変わってくるし……」といったご意見があると思いますので、もう少しイメージを具体化させるために、

- 出店地域（立地）
- 営業日数
- 営業時間

を決めるとよいと思います。

この3つを考えていくことにより、つくりたいハンバーガー店のイメージがふくらんでくると思います。

立地を東京駅にするのか渋谷駅にするのか、駅前なのか郊外なのか、また休業日は年中無休なのか週休2日なのか、営業時間は24時間営業なのか7時間営業なのかによっても、お店のコンセプトは違ってきます。そして、この3つが決まった後に9つの箱のどの箱を攻めるのかを考えると決めやすくなると思います。

ただ、現実に新規事業を考える場合は、今までの内容を最低1ヶ月以上はかけて事業プランを練ることが必要になります。

図表 7-2　顧客ニーズ×顧客グループ

顧客ニーズ（メニューの数）	20 歳以下	21 歳以上 39 歳以下	40 歳以上
多い	A 社	B 社	◎
普通	C 社	D 社	E 社
少ない	F 社	G 社	H 社

顧客グループ（年齢）

そして、いろいろ考えた結果、顧客ニーズは「メニュー数多い」、顧客グループは「40 歳以上」の箱を仮に選んだとします。他の箱には、ライバル会社を記入します。そうすることで、自分が出店する店を取り巻く経営環境が見えてきます。

ここまで考えてきたら、次は何を考えればよいかというと、それは固定費です。

固定費を決める

固定費とは、販売量が増えても減っても増減しない費用

固定費には、どのようなものがあるのでしょうか。ハンバーガーの販売数が増えても減っても増減しない費用ですから、

- 賃借料
- 人件費
- その他（広告宣伝費、水道光熱費、教育費、店舗改装・設備投資の減価償却費など）

があります。

この固定費１ヶ月分を算定していきます。賃借料は、お店のコンセプトに合ったスペースや雰囲気を考え、不動産会社などから情報を得て算定します。人件費では正社員は固定給で考え、アルバイト費用は例えば９時から11時まで２人必要、11時から14時は３人必要といった感じで、必要人数に時給を掛けて計算していきます。その他の費用は、広告宣伝費、水道光熱費、教育費など、つくるお店に合わせていくらかかるのかなど、それぞれの費用をシミュレーションして算定していくことが必要になります。減価償却費は店舗改装、設備投資の金額を５年間で回収すると考え、５年間で償却し１ヶ月にかかる費用を算定するとよいと思います。

その結果、月額固定費が例えば、

賃借料	1,000,000円	
人件費	1,500,000円	
その他	1,500,000円	（減価償却費100,000円を含む）
合計	4,000,000円	

だとします。

この4,000,000円は、ハンバーガーが売れても売れなかったとしても発生する費用ということになります。

そこで問題です。

Q18　いくらのお金が必要でしょうか？

月額固定費が、

- 賃借料 1,000,000円
- 人件費 1,500,000円
- その他 1,500,000円（減価償却費100,000円を含む）

合計　4,000,000円

のとき、会社設立当初最低いくらのお金（自己資金＋銀行借入）が必要でしょうか？

この問題は、どのように考えるとよいでしょうか。

仮に、1ヶ月お客さまがまったく入らなかったとします。そうすると、1ヶ月の固定費が4,000,000円になるので、4,000,000円のお金が出ていくことになります。

何かおかしくありませんか。

そうです、減価償却費です。ここでは、減価償却費は5年間で償却し1ヶ月にかかる費用を算定していますので、店舗改装、設備投資の金額は6,000,000円になります。

（※減価償却費＝6,000,000円÷5年÷12ヶ月＝100,000円）

つまり6,000,000円は先にお金が出ていくことになりますね。ただ、毎月の減価償却費100,000円はお金が出ていかない費用です。そこで、会社設立初期の簡易的な貸借対照表を作成してみますと、固定資産は記入することができます。

＜流動資産＞	**＜負債＞**
＜固定資産＞ 6,000,000円	**＜純資産＞**

流動資産については、経営を行っていく上で必要なお金を考える必要があります。固定費が4,000,000円で減価償却費100,000円なので、実際に出ていく経営に必要なお金は

3,900,000 円になります。
　では、
　「このお金（3,900,000 円）を何ヶ月分必要ですか？」

　「わからないよー」という声が聞こえてきそうですので、質問を変えます。

　「お客さまが入らなかったとしても、何ヶ月お店を継続することができますか？」

　「うーん 1 ヶ月」「いやもっと長く 3 ヶ月ぐらいかな」といった意見もあるとは思いますが、店舗改装、設備投資を行っていますので、すぐに撤退すると 6,000,000 円が「もったいない」という思いから、まったくお客さまが入らなかったとしても一般的には 6 ヶ月程度は会社を継続させようという気持ちになると思います。
　つまり会社設立時には、

　3,900,000 円× 6 ヶ月＝ 23,400,000 円

を現金として持っておく必要があるのです。ただこれはあくまでも最低金額になります。また、材料費なども計算に入れていませんので、これ以上必要と考えてもよいと思います。
　ここまで把握できましたら、それを貸借対照表に記入しますと、次のようになります。

＜流動資産＞ 23,400,000円	＜負債＞ ※銀行から調達
＜固定資産＞ 6,000,000円	＜純資産＞ ※自己資金または 両親から調達

資産合計：29,400,000円　　負債・純資産合計：29,400,000円

資産合計金額が29,400,000円になることがわかりますね。つまり（負債＋純資産）の調達も29,400,000円準備をしなければならないことになります。〔Q 18〕の答えは29,400,000円ということになります。

では実際に商売するとなると、この29,400,000円をどのように調達しますか。仮に貯蓄が10,000,000円あったとしますと、残りの19,400,000円は銀行から借りなければならなくなります。ただ、新規事業に19,400,000円もポンと貸してくれる銀行は少ないと思いますので、銀行から調達できない分を両親などから援助してもらうケースが多いと思います。結構お金は必要だなということを実感していただけたと思います。

新規事業を行う方で、ここまでのステップをスムーズに通過できる人は少ないと思います。事業プランはよいのだがお金の

調達に目処がつかないといったように、現実にはいろいろな関門があります。

仮にここまでを通過できたとして、次に、「客単価」「変動費」の算定をしていきましょう。客単価は、午前、午後、夜間と違いますので、それぞれの客単価を設定します。

客単価・変動費の算定

変動費は、

販売数に伴って増減する費用

をいいます。

外食産業の場合、材料費が主な変動費になり、客単価に対して 30%が変動費になります。例えば、客単価が 1,000 円、変動費は 300 円とします。1 人来店して固定費を回収できる利益はいくらになりますか。

それは簡単ですね。

客単価	1,000 円
変動費	300 円
利益	700 円

700 円が固定費を回収できる利益になります。この利益の

ことを限界利益といいます。

そのことを頭に入れての問題です。

Q19　何人に販売しなければならないでしょうか？

- 月額固定費　4,000,000円
- 客単価　1,000円
- 変動費　300円
- 限界利益　700円

のとき、赤字にならないように最低1ヶ月何人に販売しなければならないでしょうか？

考え方は簡単です。月々に発生する4,000,000円の固定費を限界利益700円で割ってあげることで、販売しなければならない1ヶ月の販売数が見えてきます。この最低販売しなければならない販売数のことを損益分岐点販売量といいます。

固定費4,000,000円÷限界利益700円
＝損益分岐点販売量5,714.28……人

となります。

正式にいいますと、5,714人ではまだ固定費を回収できないので、繰り上げて5,715人が1ヶ月の損益分岐点販売数になります。

図表 7-3　損益分岐点

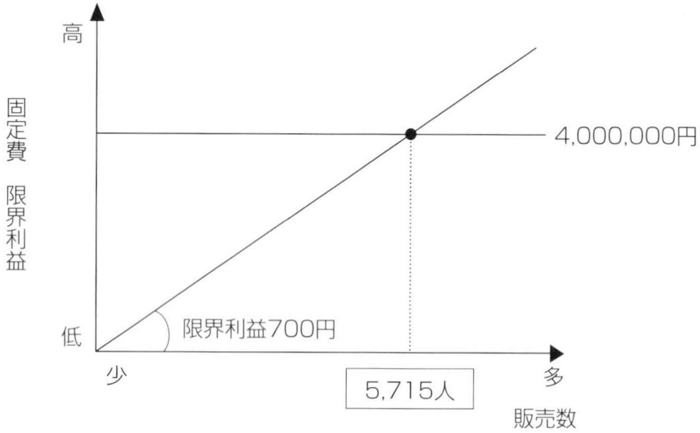

5,715 人といっても具体的なイメージがわかないと思いますので、1 日当たりの損益分岐点販売量を考えます。仮に 1 ヶ月の営業日数を 20 日としますと、

5,715 人÷ 20 日＝ 285.75 人

となり、286 人が 1 日当たりの損益分岐点販売数になります。もう少し具体化させるために、1 時間当たりの損益分岐点販売量を考えます。仮に営業時間を 7 時間としますと、

286 人÷ 7 時間＝ 40.85……人

となって、41 人が 1 時間当たりの損益分岐点販売数になります。

この数字の意味は、毎時間 41 人以上に販売しなければ赤字になってしまうことを表します。1時間当たりの販売数として、いかがでしょうか。

私の感覚としては多いように思います。10 人以下が目安ではないでしょうか。

「えーそれは厳しい」といわれるかもしれませんが、毎時間販売しなければならないことを考えると、10 人以下に抑えることができるとビジネスの成功確率は上がるのです。

では、その販売数を 10 人以下にするためにどうすればよいのでしょうか。

損益分岐点販売量を減らす方法

Q20　次の問いに答えなさい。

損益分岐点販売量を減らすための方法を 3 つ答えなさい。

では、図表７－４にある損益分岐点販売量を減らすためには、どのようなことを行えばよいでしょうか。

図表 7-4　限界利益を高めるためには

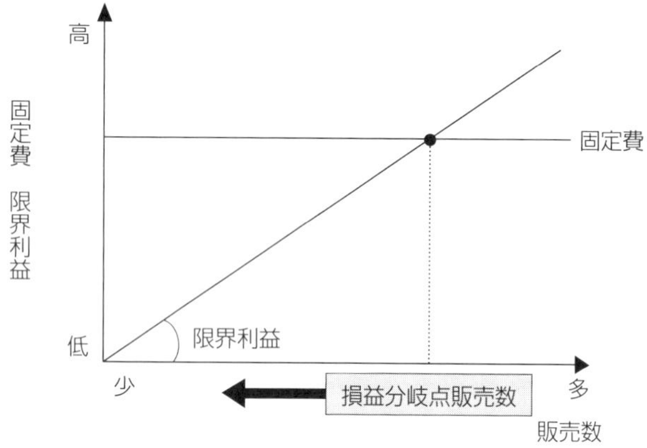

図表7－4を見るとわかりますね。固定費を下げる、限界利益を高めることを考えるとよいですね。でもこれだけでは2つしかありません。

そこで限界利益を分解して考えます。

限界利益 ＝ 客単価－変動費

限界利益を高めるためには、

↑限界利益 ＝ ↑客単価－↓変動費

客単価を上げ、変動費を下げるとよいことがわかります。

図表 7-5　損益分岐点販売量を減らすには

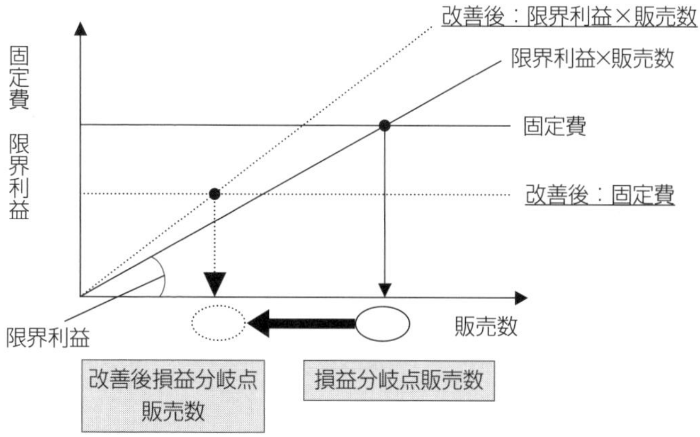

以上をまとめますと、損益分岐点販売量を減らすための3つの方法は、

① 固定費を下げる
② 変動費を下げる
③ 客単価を上げる

になります。では皆さんなら何から手をつけますか。

❶ 客単価を上げる

③の客単価を上げるという人は多いと思いますが、数字上ではすぐに上げることができますが、現実に客単価を上げると図表7－6に示すように、需要曲線と供給曲線が均衡するMから客単価を上げると、当然ですが販売数は減ってしまいます。

図表 7-6　需要曲線と供給曲線の関係

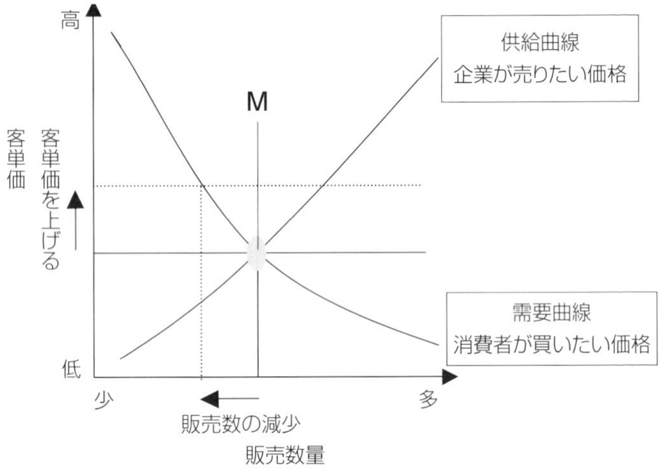

つまり安易に客単価を上げることは難しいと考えることができます。ただ、腕のある有名な料理人がハンバーガー店を出店する場合で、現在設定している価格が安く需要と供給のバランスを満たしていない場合であれば、価格を引き上げるという対応も考えることができます。

❷ 変動費を下げる

次に②変動費を下げるについてですが、現在変動費は外食産業の平均値である客単価に対して 30%を設定していますが、これよりも下げることは可能でしょうか。この平均値は多店舗展開しているような外食企業も含まれることになりますので、変動費である材料費を大量に調達できることになります。当然、大量に調達できると仕入単価は下がることになります。

このことを踏まえて新規でハンバーガー店を行う場合を考えてみますと、客単価に対して変動費を30%で抑えることも難しくなってきます。お客さまがたくさん来店するようになれば、大量に材料を調達できるようになり、変動費を将来的には下げることができるかもしれませんが、現状ではこれ以上変動費を下げることは難しくなってきます。ただ、腕のある有名な料理人がハンバーガー店を行う場合で客単価を高く設定できるのであれば、客単価に対して変動費の割合を下げることができるかもしれません。

❸ 固定費を下げる

最後に①の固定費を下げるですが、これを下げなければ改善はできません。固定費で下げられるものは何かありますか。

「アルバイトを減らして、その分自分ががんばるよ」という経営者はいますが、それでは店の運営が機能しなくなります。もともと必要のないアルバイトであれば減らしても問題ないとは思いますが、必要なアルバイトを減らすのであれば、経営者や正社員に負担が相当かかるので得策ではないと思います。

会社を新規で起こそうとしている方と話をしていますと、「自分が誰よりもがんばる」「自分が犠牲になる」という考え方を持っている人が非常に多いように思います。

たしかにこの考え方は必要だと思いますが、その考え方が強すぎるのもよくないのではないかと思っています。私の関わった成功している経営者は、「楽をして儲けたい」という考えで商売をしている人が多いように思います。当たり前ですが、現実に楽をしているわけではありませんが、この思いで商売を行えば、絶えず今のビジネスモデルを否定し、改善し、進化できるということなのです。

では、ビジネスモデルを変えるということの例として賃借料で考えていきます。賃借料は現在、月額 1,000,000 円かかっています。立地もよいことが想定されます。この場合、どのような改善策がありますか。

現在仮に 1 ヶ月の営業日数 20 日、1 日 7 時間営業としましたが、24 時間営業する場合と比較しますと、当然 1 時間当たりの賃借料の負担も大きくなります。

＜ 1 時間当たりの賃借料＞

- 7 時間営業の場合：1,000,000 円 ÷ 20 日 ÷ 7 時間＝約 7142.86 円
- 24 時間営業の場合：1,000,000 円 ÷ 20 日 ÷ 24 時間＝約 2083.33 円

24 時間営業に対して、7 時間営業は 1 時間当たり 5059.53 円負担が大きいので、立地がよい場合であれば、営業時間を長くすることで固定費を回収しやすくする方法をとるというのもよいと思います。逆に賃借料が安いのであれば、儲かる時間だけ営業をするという考え方もできると思います。

このように、さまざまなビジネスモデルを考えて改善策を検討していきます。改善策を出してくださいといってもなかなか出てこないと思いますので、改善アイデアが浮かびやすいようにするためには、どのようにすればよいのかをこれからお伝え

していきます。

例えば、テレビ CM などの広告宣伝費に 1 ヶ月 1,000 万円かけているとしましょう。この広告宣伝費を改善してくださいといえば、「800 万円に減らします」「500 万円に減らします」といった意見が出てくると思います。

これでよいのでしょうか。単に費用を減らすのであれば誰でもできます。それでは、どのように考えればよいのでしょうか。それは、

費用の使用目的を考える！！

ということが必要になります。

図表 7-7　費用の使用目的を考える

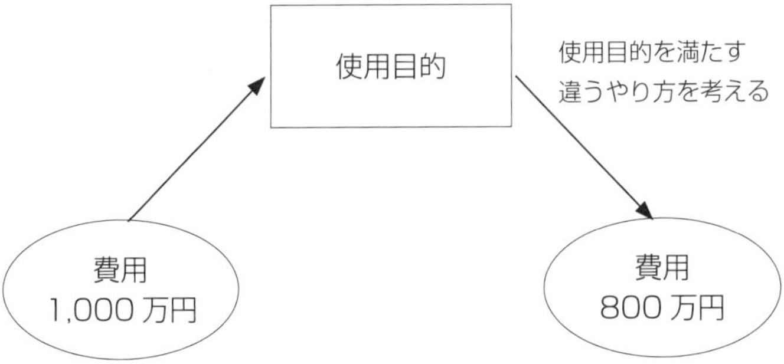

広告宣伝費の使用目的が、仮に「100 個の売上を確保するため」とあったとします。そこで次に何を考えるかというと、

「広告宣伝費にとらわれることなく 100 個の売上を確保す

るための方法はないか」を考えていきます。改善に失敗している企業は、もともとかかっていた広告宣伝費が頭から離れずに、金額を下げる方法しか思いつかないのです。

予算を削減するために政府が行っていた事業仕分けで、ある大臣が「2番じゃダメなんですか」という問いかけをしていましたが、1番、2番という質問では本当に必要なものを削減してしまう危険があります。大臣は「その費用は何のために使うのですか？」という問いをすれば、費用の使用目的が把握でき、その目的を満たし、費用を削減できる違うやり方がないのかという、次の展開につながっていったと思います。

この例でも同じで、「100個の売上を確保する」使用目的を満たす違う手段を洗い出していくのです。そうすると、電話セールスや既存顧客からの紹介キャンペーン、テレビからインターネット広告への切り替えといったように、違う手段が浮かんでくると思います。そして、その違う手段が現状かかっている1,000万円を下回ることができれば費用が削減でき、使用目的を満たすことになります。

改善って面白い、と感じていただけましたでしょうか。そのような人のために、さらにアイデアを出す方法をお伝えします。これは2つのステップに分け、現状かけている費用の見直しをしていきます。

＜第1ステップ＞

①削減できないか

②結合できないか

③入れ替えできないか

この3つの視点から現状の固定費を改善していきます。

「削減できないか」ですが、一つひとつ固定費を整理し使用目的を考えた上で「なくても困らない」というものがあれば思い切って削減していきます。

例えば、伝達だけですむ会議などは集まる必要はなく、メール等で資料を送付することで会議をやめることができます。

「結合できないか」ですが、一つひとつ固定費を整理し使用目的を把握した上で、共通した使用目的であればひとつにまとめるということで費用の削減ができます。

例えば、課の統合などにより重複業務をまとめることができます。また、エリア担当を置かずに営業を行っている会社が、エリア担当制にすることにより、営業担当者の移動時間や交通費の減少により、人件費の削減につながります。

「入れ替えできないか」、これは一つひとつ固定費を整理し使用目的を把握した上で、入れ替えたほうが仕事の効率が上がり、費用が削減できるものはないかという視点から考えていきます。

例えば、今まで自社で製造していたものを外注することで費用を削減する方法などもあります。また、機械設備やコピー機、ロッカーなどの設置場所も置き場所によって仕事の効率が上がり、残業等の人件費削減をすることができます。さらに午前中に仕事が多く夕方は仕事が少ないといった業務を行っている人であると、フレックスタイムの勤務体系を導入することで残業時間を減らすことにつながるかもしれません。在宅勤務導入も交通費などを削減でき、入れ替え費用削減につながるものの例として挙げることができます。

上記に挙げたのは 1 つの例ですが、削減できないか、結合できないか、入れ替えできないかといった視点で十分に費用の削減アイデアを出していきます。そして十分に費用削減ができた後で、第2ステップへ進みます。

＜第2ステップ＞

④標準化できないか

第2ステップでは、「標準化できないか」の検討を行います。標準化には業務マニュアル化や IT 化などを挙げることができます。業務マニュアル化、IT 化の方針を立てて実施している企業がありますが、なかなかうまくいかないことが多いようです。その理由は、第 1 ステップが十分にできていないことが多いように思います。皆さんの会社で業務マニュアル化、IT 化を進めようとしているのであれば、第 1 ステップの改善を是非行ってください。

固定費の削減の考え方に関して理解できましたでしょうか。自社の固定費を一つひとつチェックしてみてください。改善できる固定費はたくさんあると思います。

「固定費を下げる」「変動費を下げる」「客単価を上げる」という視点から、損益分岐点販売量を下げる方法を考えてきました。新規事業を考える上では、この損益分岐点販売量を下げるところに多くの時間を費やすことになると思います。そして損益分岐店販売量が 10 人以下になったとします。

では次に何を行うのでしょうか。

目標とする利益の設定

をすることになります。

利益の設定

Q21　次の問いに答えなさい。

改善した結果、

- 固定費 1,5000,000 円
- 限界利益 700 円／人
- 1ヶ月の営業日数 30 日
- 1日の営業時間 15 時間

としたとき、1ヶ月の目標利益 500,000 円を達成する目標販売数を求めなさい。（1ヶ月、1日、1時間）

目標利益 500,000 円を達成するためには、どれくらいの販売数になるのでしょうか。まず考えてみてください。

ヒントとしては、損益分岐点販売量の考え方は参考になります。

$$損益分岐点販売量 = \frac{固定費}{限界利益}$$

おわかりでしょうか。そうですね。固定費に目標利益を足して、その合計額を限界利益で回収するので、割って、目標利益を達成する1ヶ月の販売量が算定できます。

$$目標利益を達成する販売量 = \frac{固定費 + 目標利益}{限界利益}$$

では、目標利益を達成する販売量を算定してみましょう。

$$\begin{aligned}\text{目標利益を達成する1ヶ月の販売量} &= \frac{1{,}500{,}000\text{円} + 500{,}000\text{円}}{700\text{円}} \\ &= \frac{2{,}000{,}000\text{円}}{700\text{円}} \\ &= 2{,}858\text{人}\end{aligned}$$

よって、目標利益500,000円を達成する1ヶ月の販売数は、2,858人ということになります。1ヶ月の営業日数を30日としますと、

2,858人÷30日＝96人

1日の販売数は96人ということになります。1日の営業時間は15時間ですので、

96人÷15時間＝7人

つまり、1時間の販売数は7人ということになります。

この人数はすばらしいですね。目標利益500,000円を達成しても10人以下ですので、相当よい数字であるということがわかります。

ハンバーガー店の店長であれば、この目標利益を達成する販売数を押さえることで、儲かったどうかの判断がしやすくなります。

ハンバーガーの新規事業で考えてきましたが、業界が違った場合においても同様の考え方で対応できます。また皆さんが、社内で新規事業を起こす場合、または独立するときの参考にしていただければと思います。

第8章

景気の影響を受ける会社と受けない会社

第７章でハンバーガー店の経営を成功させるために、損益分岐点販売量を少なくするためにどうすればよいのかなどのビジネスプランを考えてきました。これまでの学習で、ビジネスプランの作成の基本的な考え方は身についたと思います。

あと１点、追加で押さえていただきたいことがあります。それは「景気」です。つまり景気の影響によって自社の決算書はどのように変化するのか十分に把握できていないと、会社の未来を十分に考えることができないのです。

この景気を理解するために、以下の演習問題を考えていきましょう。

演習問題　不景気のときに決算書が悪化するのはどちら？

Q22　A社、B社どちらでしょうか？

A社

販売単価300円/個、変動費240円/個、
限界利益60円/個、年間固定費300円

B社

販売単価300円/個、変動費120円/個、
限界利益180円/個、年間固定費900円

景気に関わらず、A社、B社ともに年間販売数は同じになることにします。そこで不景気のときにより決算書が悪化するのはA社、B社どちらでしょうか？

決算書から企業の特徴を分析してみる

A 社、B 社どちらの企業が、不景気のときに決算書が悪化するのでしょうか。

おわかりでしょうか。難しいなと思われている方も多いと思いますので、A 社、B 社の企業の特徴を図解してみます。

図表 8-1　A 社と B 社の経営指標による特徴

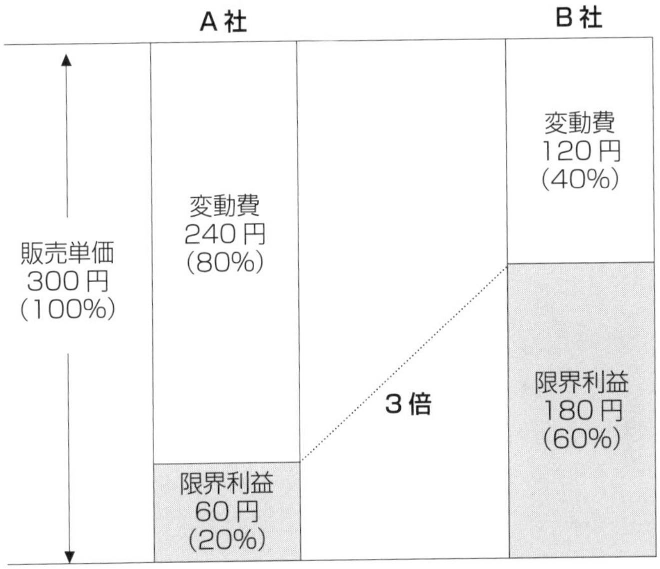

図表 8-2　A 社と B 社の年間固定費

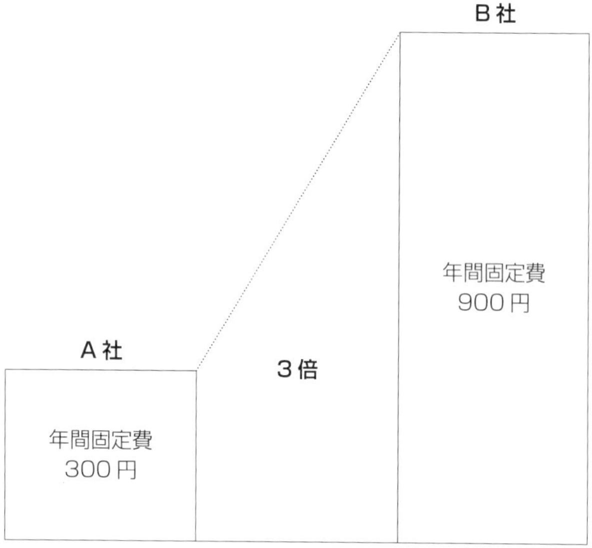

限界利益は A 社に対して B 社は 3 倍あり、固定費も A 社に対して B 社は 3 倍あるという特徴をつかむことができます。景気に関わらず、A 社、B 社ともに年間販売数は同じであるので、不景気のときは当然販売数が減りますので、決算書が悪化するのは A 社、B 社どちらでしょうか。

わかりましたでしょうか。

「うーん難しい」「まだわからない」という人のために、さらにヒントを差し上げます。

図表8-3　A社の損益分岐点販売量

A社

損益分岐点販売量（5個）

販売数	1個	2個	3個	4個	5個	6個
売上高	300円	600円	900円	1200円	1500円	1800円
変動費	240円	480円	720円	960円	1200円	1440円
限界利益	60円	120円	180円	240円	300円	360円
固定費	300円	300円	300円	300円	300円	300円
利益	▲240円	▲180円	▲120円	▲60円	0円	60円

図表8-4　B社の損益分岐点販売量

B社

損益分岐点販売量（5個）

販売数	1個	2個	3個	4個	5個	6個
売上高	300円	600円	900円	1200円	1500円	1800円
変動費	120円	240円	360円	480円	600円	720円
限界利益	180円	360円	540円	720円	900円	1080円
固定費	900円	900円	900円	900円	900円	900円
利益	▲720円	▲540円	▲360円	▲180円	0円	180円

上記の表から、A社、B社ともに損益分岐点販売量は5個になります。そして、不景気になり販売数が3個の場合は、A社は120円の赤字、B社は360円の赤字になることがわかります。

もうおわかりですね。そうです、不景気になると決算書が悪化してしまうのはB社です。ただし、景気がよいときには（販売数6個）、A社60円の黒字に対してB社は180円の黒字になることがわかります。

変動費型企業と固定費型企業

ではここで、A 社、B 社の特徴を整理しておきましょう。A 社は販売単価に対して変動費の割合が 50%を超えていました。このような企業のことを変動費型企業といいます。逆に B 社は販売単価に対して 50%を下回っていました。このような企業のことを固定費型企業といいます。

＜変動費型企業（A 社）＞
販売単価（客単価）に対して変動費の割合が 50%を超える企業

＜固定費型企業（B 社）＞
販売単価（客単価）に対して変動費の割合が 50%を下回る企業

不景気に強いのは変動費型企業、好景気に利益をたくさん出すのは固定費型企業ということが把握できたと思います。

では問題です。

Q23　次の問いに答えなさい。

製造業、小売業は、変動費型企業、固定費型企業どちらでしょうか？

これを考えるためには、販売単価に対して変動費の割合がどれぐらいあるのかを考えなければなりません。

製造業の変動費はどのようなものがありますか。小売業の変動費はどのようなものがありますか。これがわかれば見えてくると思います。

製造業の変動費例としては、材料費、外注加工費、発送費・配達費などがあります。

小売業の変動費例としては、仕入商品費、発送費・配達費などがあります。

発送費・配達費は共通ですが、材料費、外注加工費、仕入商品費は売上原価と関わるものです。

製造業、小売業の売上原価の変動費の構成は図表８－５のようになります。

図表8-5　製造業と小売業の売上原価の違い

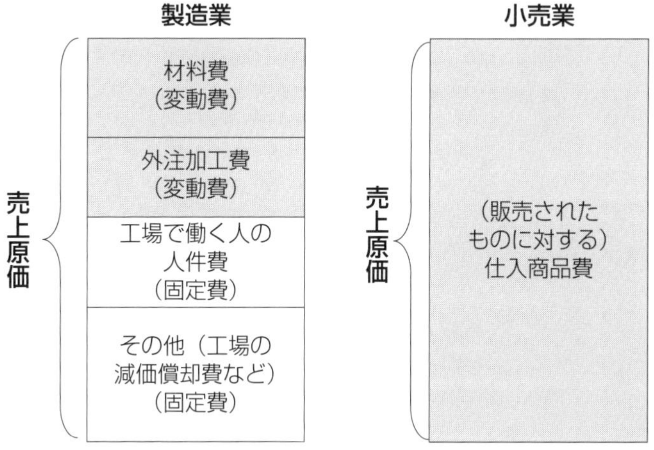

製造業の変動費は売上原価の一部で、小売業の変動費は売上原価すべてになります。つまり、

製造業は、固定費型企業 小売業は、変動費型企業

になります。

他に、固定費型企業例にはサービス業、変動費型企業例には卸売業などがあります。

このように、ある程度は業界により景気の良し悪しに影響を受けるのだということを理解いただけたと思います。

しかし、景気に左右されるしかないで終わらせない会社もたくさんあります。ひとつの例を挙げますと、部品を作っている製造業で、将来的にニーズがある部品については自社製造を行い、将来ニーズが減ると予想されるものは外注に切り替え、利益を安定的に出している会社もあるのです。

景気や経営環境に合わせたビジネスモデルチェンジを行い、決算書を改善させる方法については、次章で説明いたします。

第9章

ビジネスモデルチェンジ

第7章では、ハンバーガー店の会社設立から利益を出すまでの経営シミュレーションを行い、決算書を改善するために費用削減策や客単価の引き上げなどの検討を行ってきました。第8章では、景気の影響によって決算書がどう変化するかを見てきました。

この章でも決算書の改善を行うということでは変わりはないのですが、現在のビジネスモデルをチェンジし、新しいビジネスモデルで経営活動を行うと、決算書はどのように変化するかを考えていきたいと思います。

最近では少しずつ回復傾向にあるとニュース等で聞きますが、リーマンショックや景気の悪化により影響を受けている旅行業界を具体的な事例を挙げて見ていこうと思います。

演習問題 ビジネスモデルチェンジで決算書はどう変化するか

図表9－1のとおり、(株) ジェイティービー (以下 JTB)、近畿日本ツーリスト (株) (以下 KNT) の売上高営業利益率 (以下営業利益率) を見てみますと、本業で十分に稼いでいる状況

図表 9-1　「JTB」と「KNT」の営業利益率

	JTB		KNT	
	平成21年4月1日～ 平成22年3月31日	平成22年4月1日～ 平成23年3月31日	平成22年1月1日～ 平成22年12月31日	平成23年1月1日～ 平成23年12月31日
営業利益率	▲0.3%	0.7%	2.5%	2.0%

※有価証券報告書の連結決算書から筆者作成

ではないことがうかがえます。

この厳しい状況を打破しようと、現在、JTB、KNT は、インターネット販売に力を入れようとしています。そこで問題です。

Q24　営業利益率を予測してください。

高級ホテル、高級旅館のインターネット販売に特化している（株）一休（以下一休）の営業利益率は、どのようになっていると思いますか？　インターネット販売のビジネスモデルの特徴を考え、営業利益率を予測してみてください。

それでは、これからインターネット販売の一休の営業利益率について、皆さんの予測が合っているかどうかを順に確認していきましょう。

まず JTB や KNT が主に行っている店舗販売という手法と、インターネット販売という手法の違いを考えてみます。

店舗販売とインターネット販売の違い

❶ 店舗販売

店舗販売では、地域ごとに販売店を設けているため、店舗ごとに賃借料が必要です。また店舗を構えることにより事務員の人件費が発生します。その他にも、営業担当者や添乗員の人件費などが必要です。

❷ インターネット販売

インターネット販売はインターネット上で取引ができるためそれぞれの地域に販売店を設ける必要がないので賃借料が発生しません。また本部で集中管理することで、店舗販売に比べると事務員の人件費を大幅に抑えることができます。

こうしたインターネット販売の特徴を考えると、一休は費用が抑えられて利益が十分に出ているのではないかと予測できます。

では、実際の一休の営業利益率を図表９－２に掲載します。

図表 9-2　「一休」の営業利益率

	平成21年4月1日～ 平成22年3月31日	平成22年4月1日～ 平成23年3月31日
営業利益率	45.9%	21.1%

※有価証券報告書の連結決算書から筆者作成

インターネット販売は高い利益率が得られる？

営業利益率：21.1%

JTB、KNT に対して、一休は営業利益率が 21.1%と非常に高く、大幅な黒字となっています。ただ、前期の 45.9%から当期は 21.1%へと低下しています。これは、広告宣伝費の増加や本社移転に伴う設備購入など、有形固定資産の減価償却費等が影響し減少しているのです。

JTBもKNTも「今後本格的にインターネット販売を行っていく」という方針がニュース等で伝えられています。両社がうまくインターネット販売ビジネスにシフトできれば、一休のような高い利益率を確保できる可能性があります。

しかし、その実現には、今まで販売店で働いていた人をどうするか、先行しているインターネット販売会社とどのように戦っていくかなど、課題がたくさんあることも事実です。

真に機能する事業計画作成には、決算書の変化予測が不可欠

さて、ここからが本題です。なぜこのような演習問題を出したと思われますか。

実はこれを解くプロセスにおいて必要な考え方が、そのままビジネスモデルチェンジするために必要な考え方だからです。将来どのような戦略をとるかによって、会社の決算書は変化します。その決算書の変化が予測できなければ、真に機能する事業計画の作成は難しいのです。

$$生産性 = \frac{アウトプット}{インプット}$$

アウトプット ← 売上高

インプット ← 費用（売上原価、販売費及び一般管理費）

生産性の式は、上記のようになっていましたね。事業計画を作成するためには、この式が頭に入っていなければなりません。インプットを費用（売上原価、販売費及び一般管理費）、アウ

トプットを売上高として考えていきます。

図表 9-3　生産性を図解すると

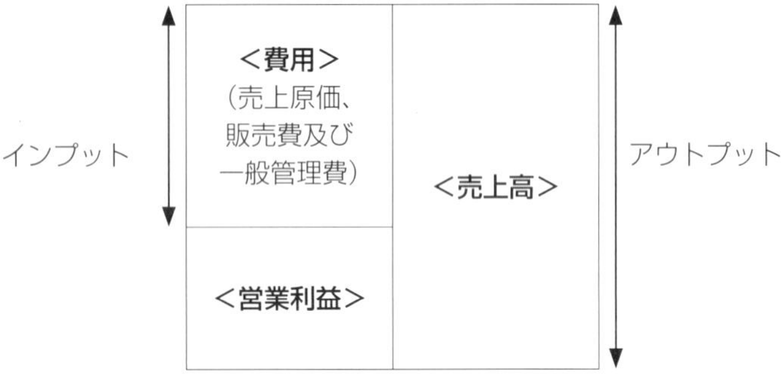

生産性を図表９－３のように図解すると、「生産性を向上させるということは営業利益率を向上させること」と言い換えることができます。

また事業計画を作成するためには、事業を将来（３年後、５年後）どのような姿にしたいかを考える必要があります。

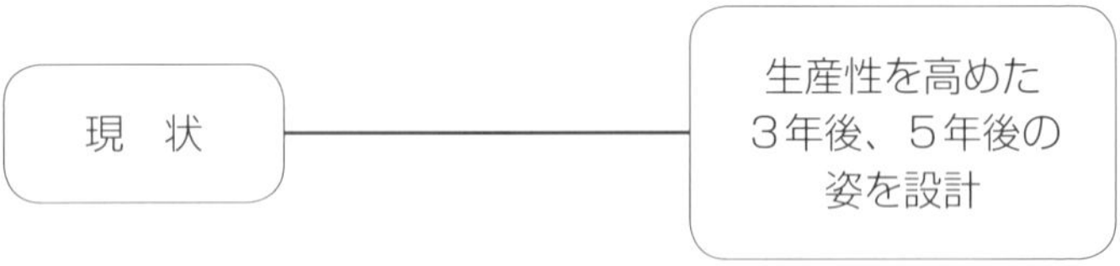

生産性は、現状より３年後、５年後には高まっている必要があります。そこで、これから生産性を高めるための目標の持ち方（以下「生産性目標」）について、５つのパターンを説明します。

生産性目標の５つのパターン

図表 9-4 生産性目標の５つのパターン

	パターン1	パターン2	パターン3	パターン4	パターン5
アウトプット（売上高）	→ 変わらない	↓ やや下げる	↑ 上げる	↑ 上げる	↑ 上げる
インプット（費用：売上原価、販売費及び一般管理費）	↓ 下げる	↓ 下げる	↑ やや上げる	→ 変わらない	↓ 下げる
説明例	売上高は維持し、業務改善などを行って費用を下げることで、生産性を高める。	不採算部門などから撤退することで、売上高は下がる。しかし、不採算部門などにかけていた費用が不採算部門などの売上高以上に下がることで、生産性を高める。	研究開発費などの費用を少し上げ、付加価値の高い製品を開発し売上高を上げ、生産性を高める。	費用額は変えないが、費用の使い方を変えて売上高を上げ、生産性を高める。	ビジネスモデルを変えて費用を大幅に下げ、売上高を上げ、生産性を高める。
	Aグループ（パターン1・2）		Bグループ（パターン3・4・5）		

生産性目標のパターンは、大きく分けるとパターン 1、2（以下Ａグループとする）とパターン 3、4、5（以下Ｂグループ

とする）に分けることができます。

一般的にＡグループは、１年後、２年後の「短期目標」に用います。一方Ｂグループは、アウトプットを上げる必要があり、時間がかかる可能性があるので、３年後、５年後の「長期目標」に用います。

企業再生などで設定される生産性目標は、Ａグループのパターンが多いと思います。アウトプットを上げるというよりも、アウトプットを変えない、もしくは下げることを想定します。そして、アウトプットに対してインプットを大幅に下げることで生産性を改善していきます。改善が進んで、ある程度利益が出る体質に変わることができたら、改めてＢグループのパターンの生産性目標を設定していくことが一般的です。

ちなみに、企業再生中の日本航空はＡグループのパターン２をとっています。運行路線を見直して儲かる路線に絞り込むことにより、アウトプットは一時的に下がりますが、インプットは大幅に下げることができます。今後、パターン２の生産性目標を達成した後、改めてＢグループの生産性目標を設定していくと思われます。

Ｂグループには、パターン３のように「少しインプットを上げて付加価値が高い製品やサービスを開発しアウトプットを上げていく方法」、パターン４のように「今までのやり方は変えるがインプットは変えずアウトプットを上げていく方法」、パターン５のように「ビジネスモデルを大幅に変えてインプットを下げアウトプットを上げる方法」などがあります。

ただ、Ｂグループの生産性目標を設定する場合、注意しなければならないことがあります。それは、Ｂグループの生産性目標を達成するプロセスでは、一時的に生産性が現状よりも悪化してしまう可能性があることです（図表９－５＜１＞および＜２＞）。

図表9-5　ビジネスモデルチェンジにより可能性が一時的に低下する例

	一時的な悪化状態＜1＞	一時的な悪化状態＜2＞
アウトプット	やや下げる 	変わらない 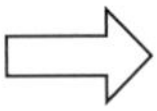
インプット	上げる 	上げる 

例えば、JTBやKNTが本格的にインターネット販売にビジネスモデルをチェンジした場合、現状の顧客を失いアウトプットが下がることも十分に考えられます。また、インターネットビジネスへの投資費用がたくさんかかることでインプットが大きくなり、生産性が悪化する可能性もあります。

そのような状況に陥ったとき、マスコミは、その短期的な生産性悪化の状態を大々的に報道するでしょう。その報道のせいで方向転換に追い込まれることもあるかもしれません。

そのようなことにならないためには、最終的な生産性目標を達成するためのプロセスで、なぜ一時的に業績が悪化するのかなど、状況を明確に説明できるようにしておく必要があります。

生産性のパターン変遷を見通し、事業計画を正確に伝え実行する

例えば、５年後の事業計画を立てる場合、１年後から５年後までのインプット、アウトプットのパターンを見通し、年ごとに示し、なぜそのような状況になるのか詳しく説明できるようにしておきます。それを株主、投資家、銀行に詳しくわかりやすく十分に説明できれば、事業計画への理解を得ることができるでしょう。

図表 9-6　1年後、2年後は生産性が悪化するが、5年後には生産性目標をパターン5にするという事業計画の場合(例)

	1年後	2年後	3年後	4年後	5年後
アウトプット	↓ やや下げる	→ 変わらない	↑ 上げる	↑ 上げる	↑ 上げる
インプット	↑ 大きく上げる	↑ 上げる	↑ やや上げる	→ 変わらない	↓ 下げる

（1年後～2年後）なぜ１年後、２年後は生産性が悪化するのかを詳しく説明します。

（3年後～5年後）どのようなことを行い５年後にパターン５にするのかを詳しく説明します。

※１年後～５年後に示してある矢印は、現状のインプットとアウトプット比較して矢印で示しています。

このような考え方で事業計画を作成すると、よいものができると思います。

ただし、よい事業計画が作成できたからといって安心してはいけません。なぜかというと、いくらよい事業計画ができたとしても、「実行」できなければ意味がないからです。皆さんも日常生活の中で、よい計画を立てたけれども実行はできていない、という経験はありませんか。会社も同じです。時間をかけて事業計画を立てたとしても、それを実行できていないことがよくあるのです。

図表 9-7　考えることから実行への展開

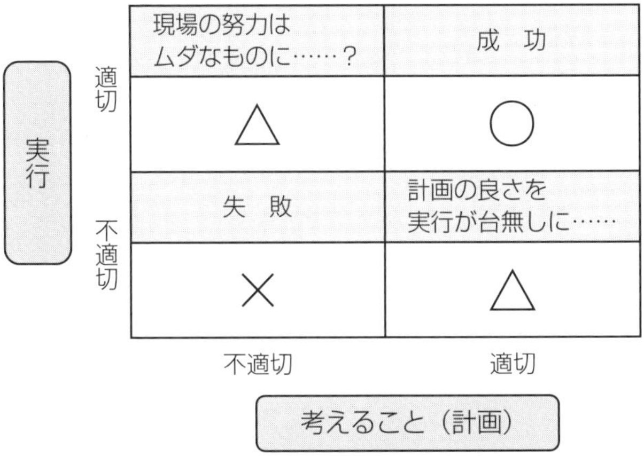

出所：『仕事の生産性を高めるマネジメント』（学）産業能率大学総合研究所生産性向上研究プロジェクト編著・産業能率大学出版部刊（2010 年）P.183 をもとに作成。

「すばらしい事業計画を立てても、実行が不適切」であるのと、「だめな事業計画であっても実行が適切」であるのは、結果的に同じことなのです。ビジネスモデルチェンジを行う事業計画を実行に移すときは、メンバーに事業計画の内容、決算書がどのように変わるのかなどを正確に伝え、実現できるように説得することが必要になります。

第10章

マクドナルドのビジネスモデルチェンジ

第９章では、ビジネスモデルチェンジの考え方を見てきました。ビジネスモデルチェンジが決算書に影響することはおわかりいただけたと思います。

そこでこれから実践編として、日本マクドナルドホールディングス㈱（以下マクドナルド）のビジネスモデルチェンジは、どのパターンで行われているのかを考えていきます。

演習問題 マクドナルドはどのパターンにモデルチェンジしているか

Q25 どのパターンでしょうか？

マクドナルドは図表１０－１の５つのビジネスモデルチェンジのパターンの中で、どのパターンに該当するでしょうか？

図表 10-1 ビジネスモデルチェンジの５つのパターン

	パターン1	パターン2	パターン3	パターン4	パターン5
アウトプット（売上高）	変わらない	やや下げる	上げる	上げる	上げる
インプット（費用：売上原価、販売費及び一般管理費）	下げる	下げる	やや上げる	変わらない	下げる

どのパターンであるのか想像できましたでしょうか。

「最近いろいろな新商品がでて好調そうなニュースが流れているので、パターン３かな？」「アルバイトなどのオペレーションの効率化などを行っている印象があるからパターン４かな？」などいろいろな意見があると思います。

そこで皆さんの意見が正しいかどうか、実際にマクドナルドの４年間の決算書の推移を見ていこうと思います。

図表 10-2 マクドナルドの決算書の推移

	平成20年1月1日〜平成20年12月31日	平成21年1月1日〜平成21年12月31日	平成22年1月1日〜平成22年12月31日	平成23年1月1日〜平成23年12月31日
売上高（単位：百万円）	406,373	362,313	323,799	302,339
売上原価＋販売費及び一般管理費（単位：百万円）	386,830	338,082	295,664	274,157
営業利益（単位：百万円）	19,543	24,230	28,135	28,182
売上高営業利益率	4.8%	6.7%	8.7%	9.3%

※有価証券報告書から筆者作成

いかがでしたでしょうか。

この４年間の推移を見てみますと、アウトプット（売上高）

は年々下がっていることがわかります。また、売上原価と販売費及び一般管理費（インプット）の合計も年々下がっていることがわかります。結果営業利益が年々上がっていますね。つまり５つのパターンから考えますと、パターン２であることがわかります。

マクドナルドは好調そうなイメージがある人が多いとは思いますが、アウトプットの売上高は下がっていることがわかります。

Q26　次の質問に答えなさい。

マクドナルドはパターン２のビジネスモデルチェンジを行っていますが、どのような戦略をとっているからでしょうか？

４年間一貫してパターン２のビジネスモデルチェンジを行っていますが、なぜでしょうか。なぜなのだろうか、と疑問に思われている人が多いと思います。

まず同じ業界の㈱モスフードサービス（以下モスバーガー）とビジネスモデルチェンジする前のマクドナルドの経営指標を比較していただきます。２社のビジネスモデルを比較することで、手がかりがつかめると思います。

図表 10-3 マクドナルドとモスバーガーの経営指標

	マクドナルド	モスバーガー
	平成20年1月1日～ 平成20年12月31日	平成22年4月1日～ 平成23年3月31日
売上高総利益率	17.0%	47.2%
売上高営業利益率	4.8%	5.1%
売上高原価率	83.0%	52.8%
売上高販管費用比率	12.2%	42.1%
固定比率	121.6%	74.3%
自己資本比率	69.7%	76.4%
売上債権回転日数	8.8日	22.3日

※有価証券報告書から筆者作成

数値が大きく異なる経営指標をチェックする

❶ 売上高総利益率のチェック

まず収益率をチェックしていきましょう。売上高営業利益率はマクドナルド 4.8%、モスバーガー 5.1%で、2 社の差が 0.3%しかないのですが、売上高総利益率はマクドナルド 17.0%、モスバーガー 47.2%と 2 社の差は 30.2%とすごい差があります。

これは売上高原価率の違いが影響しています。マクドナルドは 83.0%、モスバーガーは 52.8%と差が大きいことが影響しています。わかりやすくするために図を描いてみます（図表 10 － 4）。

図表 10-4　マクドナルドとモスバーガーの売上高総利益率の違い

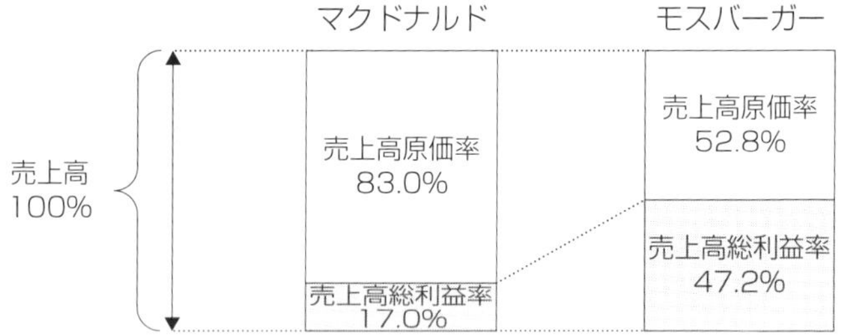

図表 10 －４を見て、マクドナルドは薄利多売で、モスバーガーは付加価値の高いハンバーガーを販売して売上総利益を十分に得ているのではないか、と考える人が多いと思います。

しかし、なぜこれだけ違いがあるのか具体的理由がまだわかりませんので、他の経営指標を見ていきましょう。

❷ 売上高販管費用比率のチェック

売上高販管費用比率、売上高営業利益率の情報を追加して図表 10 －５を描いてみます。

図表 10-5　マクドナルドとモスバーガーの売上高販管費用比率の違い

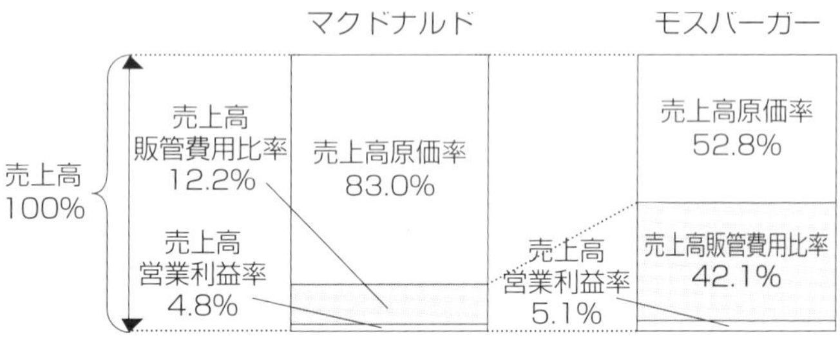

売上高販管費用比率の違いが大きいことがわかりますね。

売上高販管費用比率は、売上を出すためにかける費用割合のことです。この比率が高いということは、売上を出すための広告宣伝費や人件費を多くかけていることですから、モスバーガーのほうが販管費を多くかけているのだろうなと予測できると思います。

しかしマクドナルドとモスバーガーは、なぜそんなに違いがあるのだろうか、と思われる人も多いと思います。お店で働いている人の人数もそんなに変わらないし、広告宣伝費はむしろマクドナルドのほうが多く投入しているように思う、といった疑問が湧いてくると思います。

この疑問を解消するために、マクドナルドとモスバーガーの固定比率、自己資本比率、売上債権回転日数を見ていきましょう。

図表 10-6 マクドナルドとモスバーガーの経営指標（図表10-3の一部）

	マクドナルド	モスバーガー
	平成20年1月1日～ 平成20年12月31日	平成22年4月1日～ 平成23年3月31日
固定比率	121.6%	74.3%
自己資本比率	69.7%	76.4%
売上債権回転日数	8.8日	22.3日

※有価証券報告書から筆者作成

❸ 固定比率のチェック

まず固定比率から見ていきますが、マクドナルドは 121.6%、モスバーガーは 74.3%です。マクドナルドは固定比率が高いので固定資産、つまり店舗などの固定資産をたくさん持っているのではないかと推測ができると思います。またこの指標の違いは固定比率を計算する分母の純資産の違いにあるのではないかと思われるかもしれませんが、マクドナルドの自己資本比率 69.7%、モスバーガー 76.4%とモスバーガーが高いですが、差は 6.7%です。固定比率に 47.3%差が出るということに対して、自己資本比率の差が 6.7%であることから純資産の影響は少ないことになります。そのような理由から、モスバーガーよりもマクドナルドのほうが固定資産を多く持っているということがいえます。

ではなぜ同じハンバーガービジネスを行っているにも関わらず、これだけ固定資産の割合に違いが出るのでしょうか。

❹ 売上債権回転日数のチェック

そこで売上債権回転日数を分析し、その理由を解明していきます。

マクドナルドは 8.8 日、モスバーガーは 22.3 日となっています。皆さんもマクドナルド、モスバーガーに行ってハンバーガーなどを買って、たいていの方は現金で代金を支払うと思います。マクドナルドは、8.8 日とすぐに支払っているので問題はないのですが、モスバーガーは 22.3 日と支払いが長くなっています。モスバーガーでも代金を現金で支払っているはずなのに、日数がすごく長くなっています。「おかしいなあ」と思いますよね。

では、売上債権回転日数が 22.3 日と長いということは誰にハンバーガーを販売しているのでしょうか。第 5 章で学んだことを思い出してください。日数が長いということは、販売先は「法人」ということになりましたね。それではどこの「法人」に販売しているのでしょうか。

法人といってもいろいろとありますが、モスバーガーの有価証券報告書やホームページの情報などで確認しますと、主にフランチャイズ店のオーナー（法人）に販売していることがわかります。マクドナルドも同様に有価証券報告書やホームページなどを参考にしますと、この時点では主に一般消費者（個人）に販売していることがわかります。

つまり、マクドナルドは主に直営店運営、モスバーガーは主にフランチャイズ店で運営しているということが把握できます。

	運営形態
マクドナルド	主に直営店運営
モスバーガー	主にフランチャイズ店運営

この運営形態の違いが把握できると、経営指標の違いが見えてきます。図表 10 −3の「マクドナルドとモスバーガーの経営指標」を再掲しますので、運営形態の違いを念頭に置きながら、両者の経営指標を再度見比べてください。

	マクドナルド	モスバーガー
	平成20年1月1日～ 平成20年12月31日	平成22年4月1日～ 平成23年3月31日
売上高総利益率	17.0%	47.2%
売上高営業利益率	4.8%	5.1%
売上高原価率	83.0%	52.8%
売上高販管費用比率	12.2%	42.1%
固定比率	121.6%	74.3%
自己資本比率	69.7%	76.4%
売上債権回転日数	8.8日	22.3日

※有価証券報告書から筆者作成

まず固定比率から見ていきますと、マクドナルドは主に直営店運営ですので店舗をマクドナルド自身が保有していますので、この比率が高くなります。逆にモスバーガーの店舗はフランチャイズのオーナーが保有していますので、この比率は低くなることが予測することができますね。

	固定比率の意味
マクドナルド	店舗を自社保有　⇒　固定比率が高くなる
モスバーガー	店舗をフランチャイズのオーナー保有⇒固定比率が低くなる

売上高原価率、売上高総利益率の違いですが、マクドナルドは直営店運営が主ですので、店舗でハンバーガー等を製造しています。この店舗で働いている人の人件費は売上原価に含まれ

ることになります。それに対してモスバーガーはハンバーガーの食材をフランチャイズのオーナーに販売しているので、売上原価は食材が中心になります。その結果マクドナルドとモスバーガーの売上高原価率と売上高総利益率に大きな差が出ているということが把握できるのです。

	売上原価の中身
マクドナルド	店舗で働く人の人件費、食材など
モスバーガー	フランチャイズ店に販売する食材

マクドナルドとモスバーガーの分析を通じて、同じような業界でもビジネスモデルの違いが経営指標に影響を与えるということを理解していただけましたでしょうか。

それではもう一度〔Q26〕を再掲しますので、この質問を考えてみましょう。

Q26　次の質問に答えなさい。

マクドナルドはパターン２のビジネスモデルチェンジを行っていますが、どのような戦略をとっているからでしょうか？

モスバーガーのビジネスモデルを参考に、マクドナルドの４年間の推移を見てみましょう。

図表 10-7　マクドナルドの経営指標数値の推移

	平成20年1月1日～平成20年12月31日	平成21年1月1日～平成21年12月31日	平成22年1月1日～平成22年12月31日	平成23年1月1日～平成23年12月31日
売上高原価率	83.0%	81.1%	79.1%	79.0%
固定比率	121.6%	108.5%	95.3%	87.0%
売上債権回転日数	8.8日	10.0日	11.2日	12.4日

※有価証券報告書から筆者作成

４年間で売上高原価率は４%下がっています。固定比率は34.6%下がっています。売上債権回転日数は 3.6 日増えています。この変化はなぜだかおわかりでしょうか。

最近のマクドナルドのニュース・記事などから読み取っている方もいらっしゃるかもしれませんが、マクドナルドは、直営店運営からフランチャイズ運営にシフトさせようとしています。その結果、店舗は自社保有からフランチャイズのオーナー保有にシフトされ、固定比率の減少につながっています。

また、直営店運営からフランチャイズ運営にシフトすることで販売先が「個人」から「法人」になることで、売上債権回転日数が長くなっています。さらに売上高原価率も、店舗でハンバーガーを製造する人の人件費もかからなくなり減少しています。

つまり直営店運営主体のマクドナルドは、フランチャイズ運営主体のモスバーガーとよく似た経営指標になっていますね。

ここまでわかるようになると、決算書分析が面白くなりませんか。いろいろな会社の分析をして、分析力をアップさせてください。

第11章

企業研究

ここまで楽しく読んでいただけましたか。少しは会計に興味を持っていただけましたでしょうか。

会計思考力を高めるためには、まずは会計を好きになる、会計に興味を持つことが重要です。好きになった、興味を持った方は、一歩前進したことになります。ただ、本書を読んだ後、何もしないとせっかく勉強したことが水の泡になってしまいます。そこで、ここまで勉強した内容が定着するように、ここからは、皆さんが企業をどのように研究すればよいかをお伝えいたします。

そこでまず必要になるものは、研究する企業の決算書です。決算書の入手方法ですが、上場企業であれば入手することができます。企業のホームページの投資家情報などから入手する方法と EDINET（http://info.edinet-fsa.go.jp）のサイトから入手する方法があります。

決算書を入手できたら、後は、今まで勉強した手法などを使って分析していくことになります。具体的には以下の手順で行うことになります。

1. 企業の概要把握

①売上高、当期純利益、費用（売上高－当期純利益）の 5 年前から現在への推移を把握します。

②資産、負債、純資産の 5 年前から現在への推移を把握します。

③営業活動によるキャッシュフロー（以下営業 CF）、投資活動によるキャッシュフロー（以下投資 CF）、フリーキャッ

シュフロー（以下 FCF）、財務活動によるキャッシュフロー（以下財務 CF）の５年前から現在への推移を把握します。

①〜③を把握することで、５年前から現在にかけてどのような動きがあったのかが把握でき、研究対象企業の企業概要がつかめると思います。

2. 経営指標から詳細分析

① ５年前から現在の収益性分析（売上高原価率、売上高総利益率、売上高販管費用比率、売上高営業利益率）を行い、収益率の変化を分析します。
② ５年前から現在の安全性分析（流動比率、当座比率、固定比率、自己資本比率）を行います。
③ ５年前から現在の営業活動分析（総資産回転日数、棚卸資産回転日数、売上債権回転日数、仕入債務回転日数）を行います。

①〜③の内容を行うことで、１. 企業の概要把握より深く企業の現状が把握できます。

１. 〜２. のプロセスで企業研究すると、５年前から現在にかけての動きが把握できると思います。

それではこれから、４社の企業の決算書を用いて研究をしていきたいと思います。皆さんもこれから取り上げる企業の決算書を入手し、一緒に研究を進めましょう !!

1 株式会社大塚家具を会計思考する

まずは㈱大塚家具（以下大塚家具）を研究していこうと思います。

大塚家具は、高級家具、インテリア用品の小売を主力事業としている企業になります。来店されたことがある方は、大塚家具の決算書や経営指標の予想を立ててみてから以下の内容を読むと、皆さんが考えている状況との違いが把握でき理解が深まると思います。

1．企業の概要把握

❶ 売上高、費用、当期純利益の５年前から現在への推移

図表 11-1 大塚家具の５年間の経営指標（1）

単位：百万円

決算年月	平成19年12月	平成20年12月	平成21年12月	平成22年12月	平成23年12月
売上高	72,769	66,803	57,925	56,912	54,366
費用	69,970	67,333	59,415	57,167	54,163
当期純利益	2,799	▲530	▲1,490	▲255	203

※有価証券報告書から筆者作成

図表 11-2 大塚家具の単体損益計算書

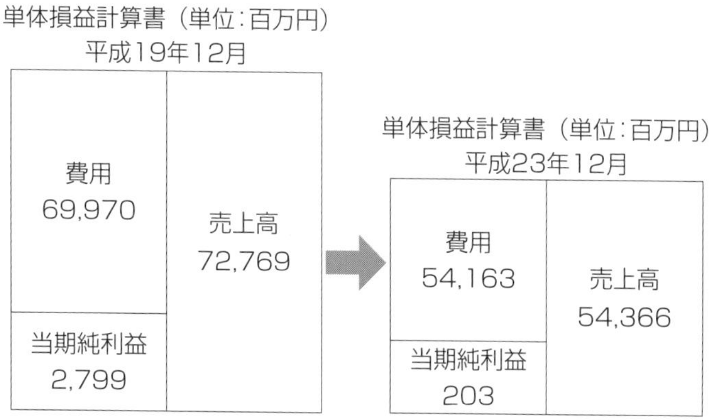

※有価証券報告書から筆者作成

不景気の影響もあり、売上高は年々減少傾向にあり厳しい状況がうかがえます。当期純利益は、平成 20 年 12 月～平成 22 年 12 月まで赤字に落ち込んでいましたが、平成 23 年 12 月に黒字化させています。

では次に 5 年前の平成 19 年 12 月と 23 年 12 月を比較すると、売上高は▲ 18,403 百万円、費用は▲ 15,807 百万円であるので売上高の下がり金額より費用の下がりが少ない状況が把握できます。

	5 年前と現在比較
売上高	▲ 18,403 百万円
費用	▲ 15,807 百万円

❷ 資産、負債、純資産の５年前から現在への推移

図表 11-3　大塚家具の５年間の経営指標（2）

単位：百万円

決算年月	平成19年12月	平成20年12月	平成21年12月	平成22年12月	平成23年12月
資産	46,625	43,707	43,707	42,714	41,751
負債	10,630	9,051	9,051	8,694	9,084
純資産	36,595	34,655	34,655	34,019	32,666

※有価証券報告書から筆者作成

図表 11-4　大塚家具の単体貸借対照表

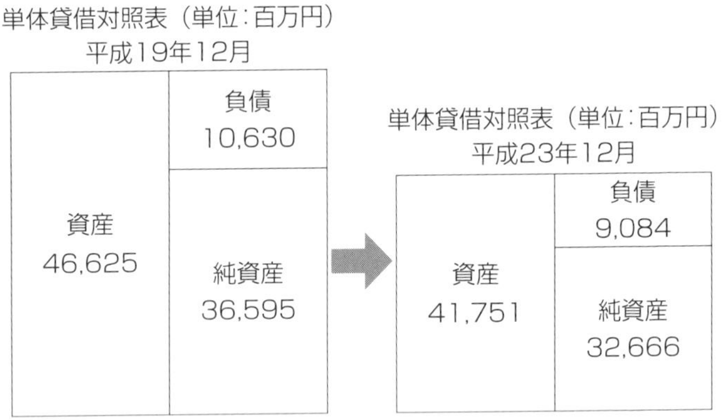

※有価証券報告書から筆者作成

資産は徐々に減少傾向でありますが、負債に比べ純資産の割合が多いというのが特徴的ですね。これは利益剰余金（会社設

立以来の積立利益）が多いことを表しています。ちなみに 23 年 12 月に利益剰余金 28,279 百万円ありますので、純資産の割合のうち 86%が利益剰余金ということになります。現在当期純利益が十分でない状況ですので、設立以来十分に当期純利益を出してきたことがうかがえます。

売上高、当期純利益分析はあまりよくない状況でしたが、資産、負債、純資産の動きからは、純資産の割合も多く安全性が高いということが把握できます。

❸ 営業 CF、投資 CF、FCF、財務 CF の 5 年前から現在への推移

図表 11-5 大塚家具の５年間の４つのキャッシュフロー

単位：百万円

決算年月	平成19年12月	平成20年12月	平成21年12月	平成22年12月	平成23年12月
営業CF	4,088	967	▲1,328	717	928
投資CF	▲1,073	424	▲156	▲768	700
FCF	3,015	1,391	▲1,484	▲51	1,628
財務CF	▲581	▲678	▲774	▲775	▲775

※有価証券報告書から筆者作成

平成 19 年 12 月は、安定期のキャッシュフロー計算書であることが把握できます。平成 21 年 12 月は営業 CF が大きくマイナスになり厳しい状況であることがわかります。ただ、平

成 20 年 12 月、平成 22 年 12 月は当期純利益がマイナスにも関わらず営業 CF を確保しています。また 22 年 12 月は営業 CF 以上に投資 CF を投入して攻めの経営を行っていることがわかります。

2. 経営指標から詳細分析

❶ 5 年前から現在の収益性分析

図表 11-6 大塚家具の5年間の経営指標（3）

単位：%

決算年月	平成19年12月	平成20年12月	平成21年12月	平成22年12月	平成23年12月
売上高原価率	45.9	47.3	47.2	45.4	43.8
売上高総利益率	54.1	57.3	52.8	54.6	56.2
売上高販管費用比率	47.6	50.8	55.3	54.8	54.1
売上高営業利益率	6.4	1.9	▲2.5	▲0.2	2.1

※有価証券報告書から筆者作成

平成 19 年 12 月に売上高営業利益率 6.4%がピークで平成 20 年 12 月 1.9%、平成 21 年 12 月▲ 2.5%まで下がっています。しかし、平成 22 年 12 月には赤字幅を縮小させ▲ 0.2%とし平成 23 年 12 月には 2.1%と改善傾向にあることがわかります。改善させている要因としては、売上原価率、売上高販管費用比率の改善を行っていることがわかります。

❷ 5年前から現在の安全性分析

図表 11-7 大塚家具の5年間の経営指標（4）

単位：%

決算年月	平成19年12月	平成20年12月	平成21年12月	平成22年12月	平成23年12月
流動比率	267.1	312.0	306.0	299.0	314.7
当座比率	117.0	122.8	128.9	133.0	153.0
固定比率	58.4	48.8	53.0	55.4	50.1
自己資本比率	75.9	78.5	79.3	79.6	78.2

※有価証券報告書から筆者作成

流動比率は平成 19 年 12 月～平成 23 年 12 月まで、すべての年度で流動比率が 200%以上、当座比率に関しても 100%以上あり、短期の支払い能力は高いことが把握できます。固定比率に関しても平成 19 年 12 月～平成 23 年 12 月まで 100%を切っており、固定資産を十分に純資産でカバーできていることが把握できます。自己資本比率も平成 19 年 12 月～平成 23 年 12 月まですべて 75%を上回っており、内部調達の割合が多いことが把握できます。

5年前の平成 19 年 12 月と平成 23 年 12 月を比較すると、流動比率、当座比率、固定比率、自己資本比率ともに改善していることが読み取れます。

❸ 5年前から現在の営業活動分析

図表 11-8　大塚家具の5年間の経営指標（5）

決算年月	平成19年12月	平成20年12月	平成21年12月	平成22年12月	平成23年12月
総資産回転率	1.3回転	1.4回転	1.3回転	1.3回転	1.3回転
棚卸資産回転日数	182.9日	177.5日	195.6日	186.6日	200.7日
売上債権回転日数	13.3日	12.7日	14.2日	18.2日	23.6日
仕入債務回転日数	59.7日	53.4日	55.2日	53.5日	57.6日
キャッシュ不足日数	136.5日	136.8日	154.6日	151.3日	166.7日

※有価証券報告書から筆者作成

総資産回転率は 5 年間ほぼ変化なく推移していることが把握できます。ただ 5 年前の平成 19 年 12 月から平成 23 年 12 月にかけて棚卸資産回転日数は 17.8 日長くなり、売上債権回転日数は 10.3 日長くなっていることが影響をしてキャッシュ不足日数が 145.4 日増えて 281.9 日あります。これは資金を十分持つ必要が出てきますが、大塚家具は、流動比率、当座比率ともに高く、現在のところ問題ではないと考えることができます。

2 株式会社ニトリを会計思考する

㈱ニトリ（以下ニトリ）は、家具、インテリア用品の製造、販売を行っている企業になります。大塚家具と同様来店されたことがある方は、ニトリの決算書や経営指標の予想を立ててみてから、以下の内容を読んでみてください。

1. 企業概要把握

❶ 売上高、費用、当期純利益の５年前から現在への推移

図表 11-9　ニトリの５年間の経営指標（1）

単位：百万円

決算年月	平成20年2月	平成21年2月	平成22年2月	平成23年2月	平成24年2月
売上高	217,229	244,053	286,186	314,291	331,016
費用	201,765	225,700	262,348	283,469	297,468
当期純利益	15,464	18,353	23,838	30,822	33,548

※有価証券報告書から筆者作成

図表 11-10　ニトリの連結損益計算書

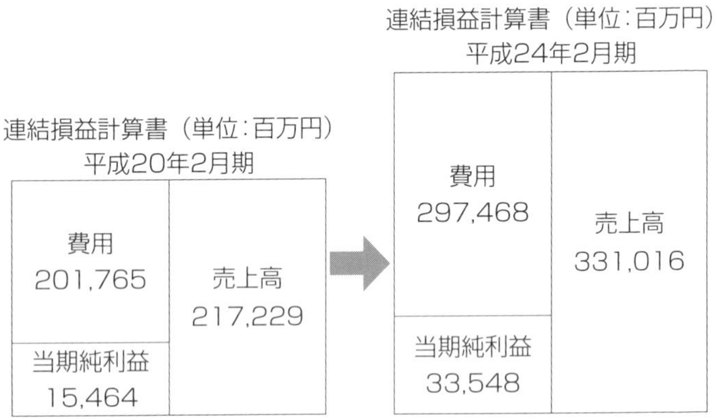

※有価証券報告書から筆者作成

不景気の影響をものともせず売上高、当期純利益ともに年々増加傾向であることがわかります。

5 年前の平成 20 年 2 月期と 24 年 2 月を比較すると売上高は＋ 113,787 百万円、費用は＋ 95,703 百万円であるので、インプットの増加よりもアウトプットの金額が大きい状況であることが把握できます。

	5 年前と現在比較
売上高	＋113,787 百万円
費用	＋ 95,703 百万円

❷ 資産、負債、純資産の５年前から現在への推移

図表 11-11　ニトリの５年間の経営指標（2）

単位：百万円

決算年月	平成20年2月	平成21年2月	平成22年2月	平成23年2月	平成24年2月
資産	179,614	196,607	218,386	246,187	267,153
負債	80,656	82,229	84,222	100,149	92,204
純資産	98,958	114,378	134,164	146,038	174,949

※有価証券報告書から筆者作成

図表 11-12　ニトリの連結貸借対照表

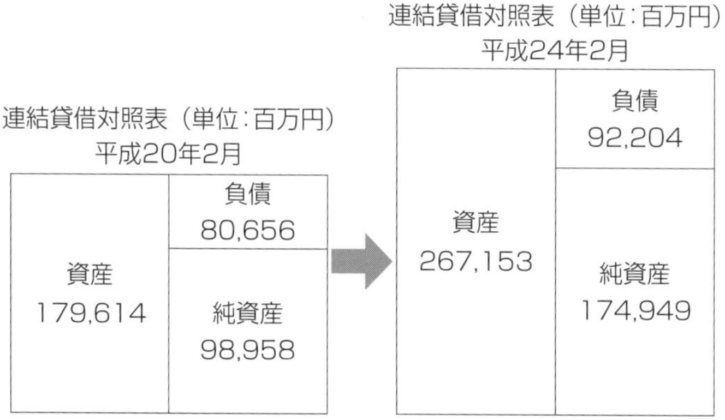

※有価証券報告書から筆者作成

資産は徐々に増やしており負債は平成 20 年 2 月から平成 23 年 2 月までは増加傾向でしたが、平成 24 年 2 月に減少

させております。純資産は徐々に増やしています。この要因は利益剰余金の増加になります。平成 20 年 2 月の利益剰余金は 72,611 百万円でありましたが、平成 24 年 2 月には 167,764 百万円に増やしていることがわかります。平成 24 年 2 月の純資産の中での利益剰余金の割合が 95.9%あることが把握できます。

❸ 営業 CF、投資 CF、FCF、財務 CF の 5 年前から現在への推移

図表 11-13 ニトリの５年間の４つのキャッシュフロー

単位：百万円

決算年月	平成20年2月	平成21年2月	平成22年2月	平成23年2月	平成24年2月
営業CF	19,114	25,189	42,757	34,653	43,908
投資CF	▲21,096	▲20,656	▲27,444	▲26,684	▲22,925
FCF	▲1,982	4,533	15,313	7,969	20,983
財務CF	2,403	▲2,602	▲15,511	▲3,577	▲16,099

※有価証券報告書から筆者作成

平成 20 年 2 月から平成 24 年 2 月まで、毎年安定的に営業 CF を得ていることがわかります。投資 CF も、安定的に▲ 20,000 百万円以上の投資を行っています。平成 20 年 2 月に営業 CF 以上に投資 CF を行い、攻めの経営をしていることがわかります。平成 21 年 2 月から平成 24 年 2 月まで FCF

をプラスにしています。

平成 21 年 2 月、平成 23 年 2 月、平成 24 年 2 月は FCF の範囲内で財務 CF を行っており安定期のキャッシュフロー計算書となっています。

2. 経営指標から詳細分析

❶ 5年前から現在の収益性分析

図表 11-14 ニトリの5年間の経営指標（3）

単位：%

決算年月	平成20年2月	平成21年2月	平成22年2月	平成23年2月	平成24年2月
売上高原価率	50.7	48.4	46.1	45.1	44.4
売上高総利益率	49.3	51.6	53.9	54.9	55.6
売上高販管費用比率	37.1	38.1	37.7	38.1	38.1
売上高営業利益率	12.0	13.6	16.2	16.8	17.5

※有価証券報告書から筆者作成

売上高原価率は、平成 20 年 2 月 50.7%から毎年原価率を改善し、24 年 2 月には 44.4%まで引き下げています。当たり前ですが、そのことにより売上高総利益率は平成 20 年 2 月 49.3%から平成 24 年 2 月には 55.6%に上昇しました。

売上高販管費用比率は、5年間ほぼ同じ水準で推移していることがわかります。売上高原価率が低減していることが影響し、売上高営業利益率は平成20年2月12.0%、平成21年2月13.6%、平成22年2月16.2%、平成23年2月16.8%、平成24年2月17.5%と毎年上げていることがわかります。

❷ 5年前から現在の安全性分析

図表 11-15 ニトリの5年間の経営指標（4）

単位：%

決算年月	平成20年2月	平成21年2月	平成22年2月	平成23年2月	平成24年2月
流動比率	75.9	91.8	82.0	70.8	88.9
当座比率	40.2	50.3	44.6	42.4	55.5
固定比率	139.2	131.6	125.2	127.0	113.9
自己資本比率	55.1	58.2	61.4	59.2	65.3

※有価証券報告書から筆者作成

自己資本比率は平成20年2月から平成24年2月の5年間すべて55%以上あり内部調達割合が多いことがわかります。ただ、短期の支払力を表す流動比率、当座比率が、100%以下と短期の支払力はあまりよくないことが把握できます。固定比率に関しては、自己資本比率の関係もあり、平成20年2月139.2%、平成21年2月131.6%、平成22年2月125.2%と順調に下げており、平成23年2月127.0%と少し上昇するも平成24年2月に113.9%と下がっています。

❸ 5年前から現在の営業活動分析

図表 11-16 ニトリの5年間の経営指標（5）

決算年月	平成20年2月	平成21年2月	平成22年2月	平成23年2月	平成24年2月
総資産回転率	1.2回転	1.2回転	1.3回転	1.3回転	1.2回転
棚卸資産回転日数	65.4日	64.5日	63.7日	62.7日	63.3日
売上債権回転日数	11.9日	13.7日	9.0日	10.1日	9.7日
仕入債務回転日数	42.0日	41.2日	37.6日	34.3日	29.0日
キャッシュ不足日数	35.3日	37日	35.1日	38.5日	44日

※有価証券報告書から筆者作成

総資産回転率は、5年間ほぼ同じ水準で推移していることがわかります。平成20年2月、平成21年2月は1.2回転、平成22年2月、平成23年2月は1.3回転にあがり、平成24年2月にまた1.2回転に下がっていることがわかります。

棚卸資産回転日数は62.7日から65.4日の間で推移し、売上債権回転日数は9日から13.7日の間で推移し、仕入債務回転日数は29日から42日の間で推移しています。その結果、キャッシュ不足日数も35.1日から44日の間で推移していることが把握できます。平成24年2月にキャッシュ不足日数が44日になっていますので、これ以上長くなると流動比率、当座比率もあまりよくない状況ですので、資金繰りが厳しくなる可能性がありますね。

3 任天堂株式会社を会計思考する

任天堂㈱（以下任天堂）は、ホームエンターテインメントの分野で娯楽製品の開発及び販売等を事業としています。主な製品は、コンピューターゲームや据置型ゲームのハードウェア及びソフトウェアになります。

皆さんの中にも、任天堂のゲーム機などで遊ばれていた方が多いのではないでしょうか。任天堂の経営活動を想像して、決算書や経営指標の予想を立ててみてから、以下の内容を読んでみてください。

1. 企業概要把握

❶ 売上高、費用、当期純利益の５年前から現在への推移

図表 11-17 任天堂の５年間の経営指標（1）

単位：百万円

決算年月	平成20年3月	平成21年3月	平成22年3月	平成23年3月	平成24年3月
売上高	1,672,423	1,838,622	1,434,365	1,014,345	647,652
費用	1,415,081	1,559,533	1,205,730	936,724	690,856
当期純利益	257,342	279,089	228,635	77,621	▲43,204

※有価証券報告書から筆者作成

図表 11-18　任天堂の連結損益計算書

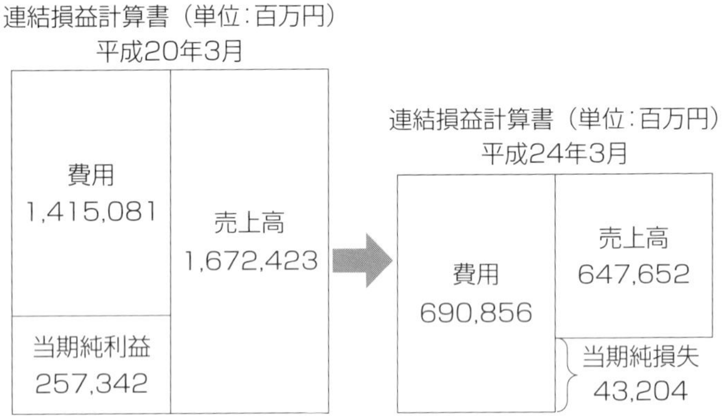

※有価証券報告書から筆者作成

平成 21 年 3 月に売上高 1,838,622 百万円をピークに、平成 22 年 3 月、23 年 3 月、24 年 3 月と減少傾向にあります。その動きと同様に、平成 21 年 3 月に当期純利益 279,089 百万円をピークに、平成 22 年 3 月、平成 23 年 3 月、平成 24 年 3 月と減少傾向にあり、平成 24 年 3 月には赤字になっています。

5 年前の平成 20 年 3 月と平成 24 年 3 月を比較すると売上高は▲ 1,024,771 百万円、費用は▲ 724,225 百万円ですので、売上高の下がり金額より費用の下がり金額が少なくなっています。

	5 年前と現状比較
アウトプット（売上高）	▲ 1,024,771 百万円
インプット（費用）	▲ 724,225 百万円

❷ 資産、負債、純資産の５年前から現在への推移

図表 11-19　任天堂の５年間の経営指標（2）

単位：百万円

決算年月	平成20年3月	平成21年3月	平成22年3月	平成23年3月	平成24年3月
資産	1,802,490	1,810,767	1,760,986	1,634,297	1,368,401
負債	572,516	556,835	424,401	352,435	177,376
純資産	1,229,973	1,253,931	1,336,585	1,281,861	1,191,025

※有価証券報告書から筆者作成

図表 11-20　任天堂の連結貸借対照表

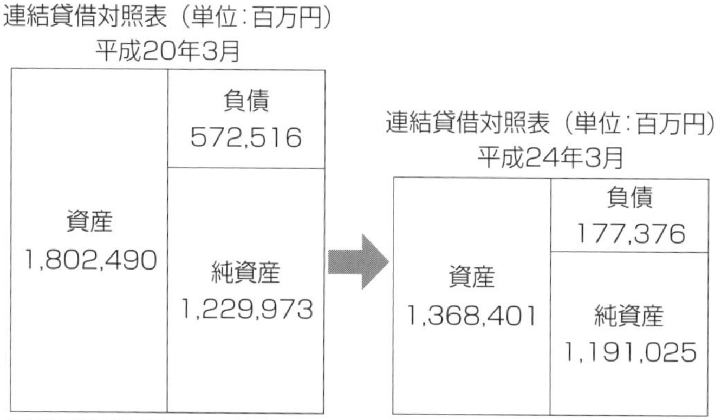

※有価証券報告書から筆者作成

資産は、平成 20 年 3 月 1,802,490 百万円から減少傾向にあり、平成 24 年 3 月 1,368,401 百万円になっています。

負債も平成20年3月572,516百万円から毎年減少し、平成24年3月177,376百万円になっています。純資産は平成20年3月から平成22年3月まで増加し、平成23年3月から減少し平成24年3月1,191,025百万円ある状況です。

平成24年3月は純資産が減少しているとはいえ、負債よりも純資産が1,013,649百万円多く、内部調達の割合が非常に多いことが把握できます。また資産に対しての現金及び預金の割合は、平成20年3月49.8%が平成24年3月には33.7%と減らしてはいるものの、お金を十分に持っている企業だということが把握できます。

❸ 営業CF、投資CF、FCF、財務CFの5年前から現在への推移

図表11-21 任天堂の5年間の4つのキャッシュフロー

単位：百万円

決算年月	平成20年3月	平成21年3月	平成22年3月	平成23年3月	平成24年3月
営業CF	332,378	287,800	160,337	78,103	▲94,955
投資CF	233,206	▲174,363	▲12,728	▲154,038	▲164,392
FCF	565,584	113,437	147,609	▲75,935	▲259,347
財務CF	▲97,844	▲227,654	▲133,847	▲102,456	▲39,823

※有価証券報告書から筆者作成

営業CFが平成20年3月332,378百万円から毎年減少し、平成23年3月には78,103百万円そして平成24年3月には▲94,955百万円となり、十分に営業CFを得られない状況であることが把握できます。

FCFに関しても、平成20年3月から平成22年3月までは十分にキャッシュを得ている状況ではありますが、平成23年3月に▲75,935百万円、平成24年3月には▲259,347百万円となっています。

キャッシュフロー計算書全体の状況では、平成20年3月、平成22年3月はFCFの範囲内で財務CFをマイナスしており安定したキャッシュフロー状況です。平成24年3月はすべてがマイナスになっており、資金繰りは厳しい状況にあります。

ただ任天堂は、現金をたくさん持っている企業なので、このような状況になっても短期的に資金がショートすることはないと思われます。

2. 経営指標から詳細分析

❶ 5 年前から現在の収益性分析

図表 11-22 任天堂の５年間の経営指標（3）

単位：%

決算年月	平成20年3月	平成21年3月	平成22年3月	平成23年3月	平成24年3月
売上高原価率	58.1	56.8	59.9	61.8	76.3
売上高総利益率	41.9	43.2	40.1	38.2	23.7
売上高販管費用比率	12.7	13.0	15.2	21.4	29.5
売上高営業利益率	29.1	30.2	24.9	16.9	▲5.8

※有価証券報告書から筆者作成

売上高原価率は平成 20 年 3 月 58.1%から平成 21 年 3 月 56.8%と減少させているものの、平成 22 年 3 月から毎年上昇し平成 24 年 3 月 76.3%となっています。売上高総利益率も同様に、平成 20 年 3 月 41.9%から平成 21 年 3 月 43.2%と上昇したものの、平成 22 年 3 月から毎年減少し平成 24 年 3 月には 23.7%と悪化していることが把握できます。

売上高販管費用比率も平成 20 年 3 月 12.7%から毎年上昇し平成 24 年 3 月には 29.5%と悪化させています。販管費用がなかなか売上に結びついていないことがうかがえます。

その結果、売上高営業利益率は平成20年3月29.1%から平成21年3月30.2%と上昇したものの、平成22年3月から毎年減少し、平成24年3月は▲5.8%と悪化していることがわかります。

❷ 5年前から現在の安全性分析

図表 11-23 任天堂の5年間の経営指標（4）

単位：%

決算年月	平成20年3月	平成21年3月	平成22年3月	平成23年3月	平成24年3月
流動比率	290.3	299.8	390.5	440.7	733.9
当座比率	271.8	273.5	359.9	412.8	683.4
固定比率	12.7	12.9	12.7	12.9	19.1
自己資本比率	68.2	69.2	75.9	78.4	87.0

※有価証券報告書から筆者作成

流動比率は平成20年3月290.3%から毎年上昇し、平成24年3月には733.9%と高くなっています。当座比率も同様に平成20年3月271.8%から毎年上昇し、平成24年3月には683.4%と高く短期の支払能力は非常に高いことがうかがえます。

固定比率は平成20年3月から平成23年3月までは12%台で推移し、平成24年3月に19.1%と上昇してはいるものの100%を大幅に下回っており良好な水準です。これは任天堂が自社の生産工場を持たないファブレス企業であるのでこのような指標になっています。

自己資本比率は、平成 20 年 3 月 68.2%から毎年上昇し、平成 24 年 3 月 87.0%の高水準であることが把握できます。平成 24 年 3 月は当期純利益がマイナスであるのでおかしいなと思われているかもしれませんが、負債を返済することで自己資本比率を上昇させています。

この結果、短期の支払能力、安全性ともによいことが把握できます。

❸ 5年前から現在の営業活動分析

図表 11-24 任天堂の5年間の経営指標（5）

決算年月	平成20年3月	平成21年3月	平成22年3月	平成23年3月	平成24年3月
総資産回転率	0.9回転	1.0回転	0.8回転	0.6回転	0.5回転
棚卸資産回転日数	39.4日	50.6日	53.0日	54.0日	58.0日
売上債権回転日数	32.3日	27.6日	33.6日	48.8日	24.4日
仕入債務回転日数	126.1日	124.6日	112.4日	125.1日	64.1日
キャッシュ不足日数	キャッシュ余裕 54.4日	キャッシュ余裕 46.4日	キャッシュ余裕 25.8日	キャッシュ余裕 22.3日	18.3日

※有価証券報告書から筆者作成

総資産回転率は5年間で0.5回転から1回転までバラツキがあり安定していない状況がうかがえます。

棚卸資産回転日数は平成20年3月39.4日ですが、平成21年3月から平成24年3月は50日台で推移しています。売上債権回転日数は平成23年3月48.8日でしたが、そのほかの4年間は24.4日から33.6日の間で推移しています。仕入債務回転日数は平成20年3月から平成23年3月までは112.4日から126.1日までの間で推移し非常に長い期間でしたが、平成24年3月は今までのおおよそ半分の64.1日と短くなっていました。

その結果、平成20年3月から平成23年3月までは資金余裕が22.3日から54.4日の範囲内で生まれている状況であったことが把握できます。ただ、平成24年3月は資金不足日数18.3日となり、資金繰りが今までに比べると悪くなっていることが把握できます。

4 株式会社ディー・エヌ・エーを会計思考する

㈱ディー・エヌ・エー（以下 DNA）は主にモバイル・PC向けのインターネットサービスとして、ソーシャルメディア及びインターネットマーケティング関連サービスならびにｅコマース関連サービスを提供しています。

平成 23 年 12 月には、プロ野球チームの㈱横浜ベイスターズを連結子会社とし、現在は、㈱横浜 DeNA ベイスターズとなっております。

携帯電話向けサービスのモバゲータウンが提供した怪盗ロワイヤルなどのゲームで遊ばれた方も多いのではないでしょうか。DNA の経営活動を創造し、決算書や経営指標の予想を立ててみてから、以下の内容を読んでみてください。

1. 企業概要把握

❶ 売上高、費用、当期純利益の５年前から現在への推移

図表 11-25　DNA の５年間の経営指標（1）

単位：百万円

決算年月	平成20年3月	平成21年3月	平成22年3月	平成23年3月	平成24年3月
売上高	29,736	37,607	48,105	112,728	145,729
費用	22,960	29,651	36,734	81,125	111,244
当期純利益	6,776	7,956	11,371	31,603	34,485

※有価証券報告書から筆者作成

図表 11-26　DNA の連結損益計算書

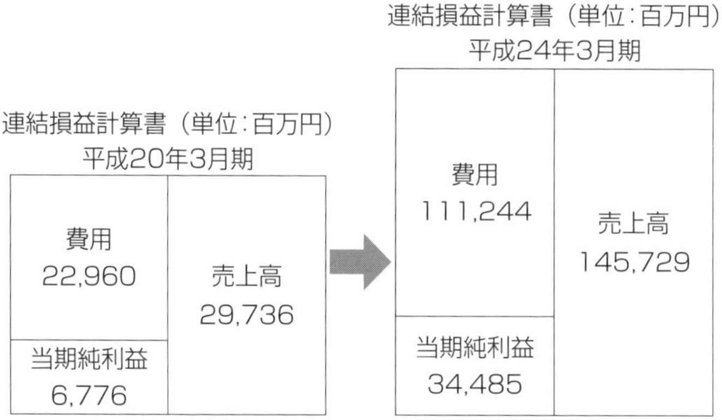

※有価証券報告書から筆者作成

売上高は、平成 20 年 3 月 29,736 百万円から順調に増え続け平成 24 年 3 月には 145,729 百万円まで伸ばしています。当期純利益についても売上高と同様に平成 20 年 3 月 6,776 百万円から毎年増え続け平成 24 年 3 月には 34,485 百万円となっています。

5 年前の平成 20 年 3 月と平成 24 年 3 月を比較すると売上高は＋ 115,993 百万円、費用は＋ 88,284 百万円であることが把握できます。費用の増加よりも売上高の金額が大きい状況であることが把握できます。

	5 年前と現状比較
売上高	＋115,993 百万円
費用	＋88,284 百万円

❷ 資産、負債、純資産の 5 年前から現在への推移

図表 11-27　DNA の 5 年間の経営指標（2）

単位：百万円

決算年月	平成20年3月	平成21年3月	平成22年3月	平成23年3月	平成24年3月
資産	32,847	37,335	55,273	127,216	152,486
負債	11,613	11,680	18,621	44,770	54,125
純資産	21,233	25,654	36,651	82,445	98,361

※有価証券報告書から筆者作成

図表 11-28　DNA の連結貸借対照表

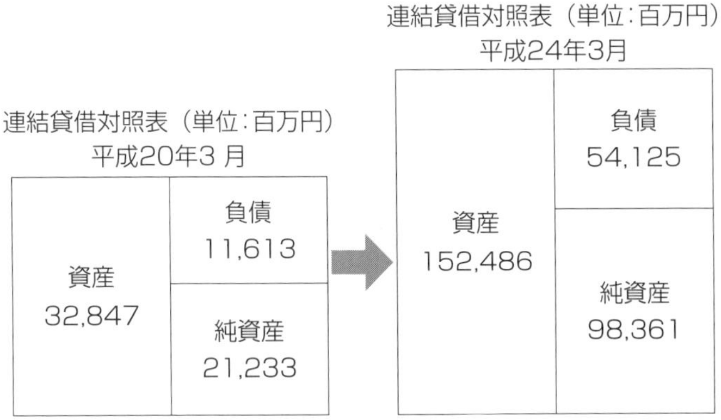

※有価証券報告書から筆者作成

資産は平成 20 年 3 月 32,847 百万円から毎年増加しており平成 24 年 3 月 152,486 百万円になっています。負債は平成 20 年 3 月 11,613 百万円から毎年増加し平成 24 年 3 月 54,125 百万円になっています。純資産は平成 20 年 3 月 21, 233 百万円から毎年増加し平成 24 年 3 月 98,361 百万円となっています。

5 年前の平成 20 年 3 月と平成 24 年 3 月を比較すると、資産、負債、純資産ともに約 5 倍増加していることがわかります。

平成 24 年 3 月は負債よりも純資産の額が大きく内部調達の割合が大きいことを表しています。また純資産のうち約 89 %が利益剰余金であり、会社設立以来の積立利益が大きいことがわかります。

❸ 営業CF、投資CF、FCF、財務CFの5年前から現在への推移

図表11-29 DNAの5年間の4つのキャッシュフロー

単位：百万円

決算年月	平成20年3月	平成21年3月	平成22年3月	平成23年3月	平成24年3月
営業CF	9,207	9,471	13,527	47,916	33,293
投資CF	▲2,682	▲3,752	▲2,539	▲18,948	▲19,396
FCF	6,525	5,719	10,988	28,968	13,897
財務CF	▲390	▲4,020	▲1,004	▲815	▲18,455

※有価証券報告書から筆者作成

営業CFが平成20年3月9,207百万円から平成23年3月47,916百万円まで年々増加しており、平成24年3月には33,293百万円キャッシュを稼ぐことができている状況です。投資CFに関しては、5年間すべて営業CFの範囲内で投資を行っており、FCFをプラスにしています。平成24年3月は、FCF13,897百万円以上の財務CF▲18,455百万円ですが、平成20年3月から平成23年3月まで財務CF▲はFCFの範囲内でおさまっています。

キャッシュフロー計算書の全体の状況では、平成20年3月から平成23年3月までは安定期の状況であることがわかります。

2. 経営指標から詳細分析

❶ 5 年前から現在の収益性分析

図表 11-30 DNA の5年間の経営指標（3）

単位：%

決算年月	平成20年3月	平成21年3月	平成22年3月	平成23年3月	平成24年3月
売上高原価率	20.1	23.4	22.2	13.7	19.3
売上高総利益率	79.9	76.6	77.8	86.3	80.7
売上高販管費用比率	37.3	34.5	33.6	36.5	37.1
売上高営業利益率	42.6	42.1	44.2	49.8	43.5

※有価証券報告書から筆者作成

売上高原価率は平成 20 年 3 月から平成 22 年 3 月までは 20%を超えていましたが、平成 23 年 3 月、平成 24 年 3 月には 20%から下げて 10%台になっています。同様に売上高総利益率も平成 20 年 3 月から平成 22 年 3 月までは 75 %を超えて推移していますが、平成 23 年 3 月、平成 24 年 3 月には 80%を超えています。

売上高販管費用比率は、ここ 5 年間で 33.6%から 37.3% の間で推移しています。

その結果、売上高営業利益率はここ 5 年間低くても平成 21

年３月 42.1%で、高いときで平成 23 年３月 49.8%と平均しても 44.4%と安定している状態であると把握できます。

❷ ５年前から現在の安全性分析

図表 11-31　DNA の５年間の経営指標（4）

単位：%

決算年月	平成20年3月	平成21年3月	平成22年3月	平成23年3月	平成24年3月
流動比率	250.7	281.7	264.2	202.5	189.3
当座比率	249.6	280.7	263.8	202.5	189.3
固定比率	21.1	19.2	16.9	44.4	51.4
自己資本比率	64.6	68.7	66.3	64.8	64.5

※有価証券報告書から筆者作成

流動比率は平成 20 年３月から平成 23 年３月までは 200%を超え、平成 24 年３月 189.3%と前の期に比べ悪いものの 100%を大幅に超え、短期的支払能力が高いことが把握できます。サービス業で棚卸資産がほとんどないので当座比率は流動比率とほぼ同じ動きをしています。平成 20 年３月から平成 23 年３月までは 200%を超え、平成 24 年３月 189.3%と低いものの短期の支払能力は非常に高いです。

固定比率は、平成 20 年3月 21.1%、平成 21 年3月 19.2%、平成 22 年３月 16.9%と非常に低く、平成 23 年３月 44.4%、平成 24 年3月 51.4%と、平成 20 年3月から平成 22 年3月よりは高くなっていますが 100%を大幅に切っており安全性が高い状態です。

自己資本比率は5年間すべて60%台で安定しており、内部調達割合が大きいことがうかがえます。

❸ 5年前から現在の営業活動分析

図表11-32 DNAの5年間の経営指標（5）

決算年月	平成20年3月	平成21年3月	平成22年3月	平成23年3月	平成24年3月
総資産回転率	0.9回転	1.0回転	0.9回転	0.9回転	1.0回転
棚卸資産回転日数	7.8日	4.6日	2.9日	0日	0日
売上債権回転日数	54.7日	51.2日	77.0日	57.5日	74.8日
仕入債務回転日数	23.1日	16.2日	12.8日	11.6日	8.6日
キャッシュ不足日数	39.4日	39.6日	67.1日	45.9日	66.2日

※有価証券報告書から筆者作成

総資産回転率は、平成20年3月、平成22年3月、平成23年3月は0.9回転、平成21年3月、平成24年3月は1回転とほぼ同じ水準で推移しています。

サービス業であるので在庫はほとんどないので、棚卸資産回転日数は0日または0日に近い状況になっています。売上債権回転日数は、平成20年3月、平成21年3月、平成23年3月は50日台、平成22年3月、平成24年3月は70日台とやや長くなっています。仕入債務回転日数は、平成20年3月23.1日から年々短くなり平成24年3には8.6日と支払いが早くなっています。

その結果、キャッシュ不足日数は、平成20年3月、平成21年3月は30日台と短く、平成23年3月は45.9日とやや長く、平成22年3月、平成24年3月は60日を超え長くなっています。ただ、流動比率、当座比率ともに100%を大幅に超えていますので、短期的な資金繰りは問題ないと思います。

いかがでしたでしょうか。それぞれの企業で自分が思っていたイメージと違っていたなど、新たな気づきはありましたでしょうか。

このように、5年間の決算書を用いて企業研究することで、ある程度その企業の動きや特徴が把握できると思います。把握できた上で、さらに皆さんにやっていただきたいことがあります。

それは、大塚家具とニトリ、任天堂とDNAを比較していただきたいのです。大塚家具とニトリは家具販売業界、任天堂とDNAもゲーム業界で、同じ業界になります。同じ業界内でどのような違いがあるのか5年間の推移を見て自分の言葉としてまとめていただきたいのです。まとめることにより、もう一歩深い分析ができるようになると思います。

会計思考力を高めるためのポイントは、企業研究を行う数と質だと思います。数については、決算書を入手し、たくさんの企業を企業研究プロセスによって分析してみてください。質については、業界内での企業間の比較をし、強み弱みを整理した上で、ビジネスモデルの違いを把握することだと思います。その意味でも、ぜひ大塚家具とニトリ、任天堂とDNAの比較をして、ビジネスモデルの違いを確認してみてください。

最後にひとつお尋ねします。

「会計思考力は身につきましたか？」

皆さんが「はい」と答えてくださることを信じて、「会計思考力―会社がわかるノウハウ―」を終えたいと思います。

ここまで読んでいただき、ありがとうございました。

おわりに

本書を刊行することになったきっかけは、NECが運営するビジネス情報サイト「WISDOM」（http://www.blwisdom.com/）へのコラム（経営成果に結びつける会計思考力）を公開したことにはじまります。このコラムでは、ビジネスパーソンに必須のスキルである会計を、楽しく、さらに実務に役立てられる内容を意識して書かせていただきました。

コラム執筆に当たりましては、WISDOM運営スタッフの高嶋浩一氏、森屋淳子氏、産業能率大学総合研究所事業推進課長渡辺篤夫氏、末廣純子氏、高橋輝子氏には多大なご支援をいただきました。本当にありがとうございました。

そのコラムを書いたことで、多くの読者の方から貴重な意見をいただくことができました。その意見の中には、今まで私自身が気づかなかった、ビジネスパーソンが会計でつまずくポイントなどが含まれておりました。

本書は、そういった意見を反映させ会計に対する疑問を解消する書籍としてまとめることで、会計に対する苦手意識を持っているビジネスパーソンを少しでも減らすことができるのでないかと思い、筆を取らせていただくことになりました。

本書の構成につきましては、会計に対する興味を持続していただけるようクイズ形式の演習問題、実在する企業事例を多用し、また、研修を受けている感覚で読むことができるように問いかけ形式となっています。一人でも多くの読者の方が「会計が楽しくなった」「会計に興味を持った」「もっと深く会計を知りたい」と思っていただければ幸いです。

本書刊行に向けては、産業能率大学総合研究所経営管理研究所所長前村真一氏、マーケティング＆ファイナンスソリューションセンター長高橋聡氏、テクノロジーマネジメントソリューションセンター長大神賢一郎氏には多大なご支援をいただきました。また㈱産業能率大学出版部常務取締役田中秀章氏、福岡達士氏、坂本清隆氏にご支援をいただくことで本書を完成させることができました。

最後に本書刊行にご尽力いただいたすべての方々に心から感謝申し上げます。

2012年8月

松尾　泰

著者略歴

松尾　泰（まつお　ひろし）

学校法人産業能率大学総合研究所 経営管理研究所 マーケティング&ファイナンスソリューションセンター主任研究員、情報マネジメント学部兼任教員（通信教育課程）。

徳島文理高等学校卒業、明治学院大学経済学部卒業、中央大学専門職大学院国際会計研究科修了、北陸先端科学技術大学院大学知識科学研究科修了。

金融機関、コンサルティング会社を経て産業能率大学に入職。

現在は管理会計、業務改善領域を中心に、研修、コンサルティング活動を行っている。

主な著作物としては『これなら絶対挫折しない！管理会計、初級編』『マネージャーのための管理会計、中級編』（単著 以上 朝陽会）、『仕事の生産性を高めるマネジメント』（共著 産業能率大学出版部）がある。

会計思考力
—会社がわかるノウハウ—　〈検印廃止〉

著　者　松尾 泰
発行者　飯島 聡也
発行所　産業能率大学出版部
東京都世田谷区等々力 6-39-15　〒158-8630
（電話）03（6432）2536
（FAX）03（6432）2537
（URL）http://www.sannopub.co.jp/
（振替口座）00100-2-112912

2012年 8 月 31 日　初版 1 刷発行
2016年 11 月 30 日　　5 刷発行

印刷所　日経印刷　製本所　日経印刷

（落丁・乱丁はお取り替えいたします）　ISBN 978-4-382-05677-0